收入再分配政策的国际比较研究

An International Comparative Study of Income Redistribution Policy

潘文轩 著

中国书籍出版社
China Book Press

图书在版编目（CIP）数据

收入再分配政策的国际比较研究/潘文轩著. —北京：中国书籍出版社，2019.1
ISBN 978-7-5068-7170-9

Ⅰ.①收… Ⅱ.①潘… Ⅲ.①再分配—对比研究—世界 Ⅳ.①F113.8

中国版本图书馆 CIP 数据核字（2018）第 288832 号

收入再分配政策的国际比较研究

潘文轩　著

责任编辑	李雯璐　魏焕威
责任印制	孙马飞　马芝
封面设计	中联华文
出版发行	中国书籍出版社
地　　址	北京市丰台区三路居路 97 号（邮编：100073）
电　　话	（010）52257143（总编室）　（010）52257140（发行部）
电子邮箱	eo@chinabp.com.cn
经　　销	全国新华书店
印　　刷	三河市华东印刷有限公司
开　　本	710 毫米 × 1000 毫米　1/16
字　　数	186 千字
印　　张	15
版　　次	2019 年 1 月第 1 版　2019 年 1 月第 1 次印刷
书　　号	ISBN 978-7-5068-7170-9
定　　价	78.00 元

版权所有　翻印必究

引　言

当前，我国居民收入依然存在较大差距，而缺乏有效的收入再分配政策调节是重要原因之一。在西方发达国家，通过税收和社会保障的调节，基尼系数明显下降，收入不平等程度显著降低。反观我国，收入再分配对缩小初次分配收入差距的作用微乎其微。国家"十三五"规划纲要提出"加大再分配调节力度，健全再分配调节机制，实行有利于缩小收入差距的政策"。研究国外收入再分配政策、借鉴他国收入再分配的做法和经验，对我国深化收入再分配改革、缩小居民收入差距具有重要意义。

本书研究的主要目的有以下四个方面：第一，通过考察代表性国家收入再分配政策的变革及其影响因素，揭示收入再分配政策演变的规律；第二，在比较分析国外收入再分配政策效果的基础上，说明决定再分配政策有效性的关键因素；第三，测算我国收入再分配政策调节初次分配收入差距的效果，揭示其主要成因；第四，借鉴国际经验并结合中国国情，提出进一步完善我国收入再分配政策的总体思路和具体措施。

本书的主要研究内容安排如下。

第一章　收入再分配政策的理论分析。对收入再分配与收入再分配政策做出理论界定，将居民收入再分配政策加以分类；简述各项收入再分配政策的基本框架；说明收入再分配政策对居民收入分配的直接和间接影响；探讨收入再分配政策调节居民收入差距的作用机制，分析收入再分配政策在调节居民收入差距上的职能定位。

第二章　国外收入再分配政策的演变、现状与影响因素。从收入再分配规模、收入再分配项目结构、各项收入再分配政策三方面考察国外收入再分配政策的演变过程；考察若干代表性发达国家、发展中国家与转轨国家现行收入再分配政策的基本状况，在此基础上揭示当前国外收入再分配政策的共性与差异；说明国外收入再分配政策形成与变革的主要影响因素。

第三章　国外收入再分配政策调节居民收入差距的效果及其比较。构建度量居民收入不平等的指标体系，实证分析国外收入再分配政策在缩小整体收入差距、提高低收入者收入、调节高收入者收入、控制收入两极分化四个方面取得的效果；比较各国整个收入再分配体系与各项收入再分配政策调节居民收入差距效果的差异。

第四章　国外收入再分配效果的主要影响因素。分析收入再分配规模、收入再分配资金分布、收入再分配覆盖面对国外收入再分配效果的影响；利用跨国面板数据实证检验国外收入再分配效果的影响因素。

第五章　国外收入再分配政策的实践总结及对我国的启示。归纳国外运用个人直接税与社会保障政策调节收入差距的主要经验做法；总结国外在运用收入再分配政策调节收入差距上存在的不足与教训；考察国外在收入再分配政策实践中处理公平与效率关系的思路与办法；说明国外收入再分配政策实践对我国的启示意义。

第六章　我国收入再分配政策及其对居民收入差距的调节作用。回顾我国收入再分配政策的沿革，简述其基本现状和运行机制；实证分析我国收入再分配政策调节居民收入差距的效果；探究影响再分配效果发挥的直接原因、深层次制度原因与外部原因。

  第七章 我国进一步完善收入再分配政策、缩小居民收入差距的对策建议。明确现阶段我国收入再分配政策的目标定位；提出深化收入再分配改革的基本思路；探讨有助于增强收入再分配政策收入差距调节功能的实现路径和具体措施。

目 录
CONTENTS

引 言 ………………………………………………………………… 1

第一章 收入再分配政策的理论分析 ………………………………… 1
    第一节 收入再分配政策的界定与分类 1
    第二节 各项收入再分配政策的基本框架 6
    第三节 收入再分配政策与居民收入分配间的关系 10
    第四节 收入再分配政策对居民收入差距的调节作用 14

第二章 国外收入再分配政策的演变、现状与影响因素 …………… 20
    第一节 国外收入再分配政策的发展演变 20
    第二节 国外收入再分配政策的现状特点 30
    第三节 国外收入再分配政策的主要影响因素 53

第三章 国外收入再分配政策调节居民收入差距的效果及其比较 …… 60
    第一节 衡量指标、分析方法和数据来源 60

第二节　缩小整体收入差距的效果　66

第三节　"提低"（提高低收入者收入）的效果　72

第四节　"调高"（调节高收入者收入）的效果　84

第五节　控制收入两极分化的效果　91

第四章　国外收入再分配效果的主要影响因素　100

第一节　收入再分配规模的影响　100

第二节　收入再分配资金分布的影响　105

第三节　收入再分配覆盖面的影响　112

第四节　实证检验与结果　114

第五章　国外收入再分配政策的实践总结及对我国的启示　117

第一节　国外运用收入再分配政策调节收入差距的经验做法　117

第二节　国外运用收入再分配政策调节收入差距的不足与教训　137

第三节　国外收入再分配政策实践中公平与效率关系的处理　152

第四节　国外收入再分配政策实践带来的启示　158

第六章　我国收入再分配政策及其对居民收入差距的调节作用　169

第一节　我国收入再分配政策的沿革与现状　169

第二节　我国收入再分配政策调节收入差距的效果　175

第三节　我国收入再分配政策调节收入差距效果不佳的主要原因　186

第七章　我国进一步完善收入再分配政策、缩小居民收入差距的对策建议　202

第一节　目标定位　202

第二节　基本思路　203

第三节　实现路径和具体措施　209

参考文献 ··· **219**

后　记 ··· **226**

第一章

收入再分配政策的理论分析

国内外学界在收入再分配政策问题上已开展了不少理论研究，但不同研究者对收入再分配内涵的理解并不一致。为此，本章首先对收入再分配政策做出界定与分类，在此基础上，结合现有研究成果，说明各项收入再分配政策的基本框架、收入再分配与居民收入分配间的关系、收入再分配政策对居民收入差距的调节作用，从而为收入再分配政策的国际比较研究提供必要的理论基础。

第一节 收入再分配政策的界定与分类

一、收入再分配与收入再分配政策的理论界定

要研究收入再分配政策问题，首先应对收入再分配与收入再分配政策加以清晰的界定。学界对于什么是收入再分配、哪些属于收入再分配政策，曾做过不少探讨和论述，并达成了以下几点基本共识：首先，收入再分配是在收入初次分配基础上进行的；其次，政府在收入再分配中

处于主导地位；再次，收入再分配是一种转移活动；最后，所得税、财产税、社会保障均属于收入再分配政策范畴。不过，学界认识上的差异与分歧也同样存在。一是收入再分配的外延。例如，对于第三次分配（慈善捐赠）是否属于收入再分配范畴，不同学者有不同的理解。二是收入再分配政策的内容。对于收入再分配政策包括哪些内容，特别是间接税、遗产税、公共服务究竟是否属于收入再分配政策，学界的看法也不太一致。

本书以国民经济核算的国际统计标准 SNA2008 为基本依据，对收入再分配与收入再分配政策加以界定。根据 SNA2008，收入再分配是初始收入（即初次分配收入）通过各类经常转移而转变成可支配收入的过程。这些经常转移包括所得税和财产税等经常税、社会保障缴款净额、实物社会转移以外的社会福利、其他经常转移四种主要类型，这四类经常转移自然均属于收入再分配政策范围。SNA2008 又引入实物社会转移[①]与实物收入再分配的概念，实物收入再分配被看作收入再分配过程的一个延续阶段。如果将实物收入再分配作为广义的收入再分配，那么收入再分配政策的范围就得以拓宽，各种实物社会转移也可以视为收入再分配政策。

综上所述，将收入再分配定义为：在初始收入（即初次分配收入）的基础上，通过各种现金或实物经常转移，最终形成调整后可支配收入的过程。收入再分配政策的内容包括所得税和财产税等经常税、社会保障缴款净额、实物社会转移以外的社会福利、其他经常转移、实物社

[①] 实物社会转移是指政府和 NPISH 免费或以没有显著经济意义的价格提供给住户的货物和服务。实物社会转移具体包括两部分内容：一是由政府和 NPISH 提供的个人服务的非市场生产，二是由政府和 NPISH 购买并免费或以非经济意义价格向住户转移的货物和服务。参见 SNA2008 中的 2.98 段与 8.141 段。

转移。

根据上述界定，可以明确如下几种政策不属于收入再分配政策范围。一是间接税。在SNA2008中，间接税体现在生产税和进口税项目中，属于收入初次分配范畴。即使考虑税负转嫁，间接税包含在消费品与投资品的价格中，那也仅涉及收入使用账户与资本账户，而与收入再分配过程无关。二是资本税和资本转移税。SNA2008区分了经常转移和资本转移两种不同类型的转移，其中，资本转移是对储蓄或财富的再分配而不是对收入的再分配。①

所以，作为资本转移重要内容的资本税（包括土地增值税等）和资本转移税（包括遗产税、赠予税等），属于财富再分配政策但不能视为收入再分配政策。三是引起财富价值变化的各种政策。某些政策（如金融政策等）会导致资产、负债价格的变化，进而改变财富价值，但它们并不影响收入流量。在SNA2008中，资产与负债价格变化带来的持有收益或损失，是记录在积累账户而非经常账户中的。因此，引起财富价值变化的各种政策，同资本税、资本转移税类似，可以称为财富再分配政策但不能称为收入再分配政策。四是集体性的公共产品与服务。政府提供的由社会公众集体消费的公共产品与服务（如公共安全、环境保护、基础设施等），尽管会对居民收入带来一些间接影响，但并不直接引起经常转移，因而不属于收入再分配政策。五是仅影响收入初次分配但未介入收入再分配过程的政策。某些政策虽然具有调节收入分配的作用，但只通过影响收入初次分配阶段的雇员报酬、财产收入等而改变初次收入分配格局，政策本身并未介入收入再分配环节。显然，这些政策与收入再分配过程无关，不能作为收入再分配政策。薪酬管制政策、劳动力流动

---

① 参见SNA2008中的2.28段。

政策、土地产权政策等均属于该类政策。

二、居民收入再分配政策的界定与分类

收入再分配涉及企业、政府[①]、住户三大部门，但由于本书关注收入再分配对居民收入差距的影响，因此我们主要研究的是收入再分配政策中的居民收入再分配政策。居民收入再分配政策是收入再分配政策体系的重要组成部分，识别收入再分配政策是否属于居民收入再分配政策的依据是观察经常转移的流出与流入部门，只要经常转移是从住户部门流入或流出的，就属于居民收入再分配政策范围。下文如无特别说明，所称的收入再分配政策都专指居民收入再分配政策。

居民收入再分配政策，按照经常转移的方向，可分为经常转移支出和经常转移收入[②]；按照经常转移的性质，可以分为个人直接税、社会保障、其余经常转移[③]。这两种分类与SNA2008中经常转移分类的对应关系如表1-1所示，这里有几点需要作必要说明。(1) 关于个人财产税。个人财产税中的遗产税、赠予税，因不符合经常转移的条件，故不属于居民收入再分配范畴。作为居民收入再分配政策的个人财产税，仅是个人经常财产税。(2) 关于保险。社会保障类的保险（主要是养老保险、医疗保险、失业保险），如果是政府或雇主强制要求或鼓励参保的，保险缴款、给付分别记录于社会保障缴款净额、实物社会转移以外的社会福利；如果是个人独立于政府或雇主自愿投保的，保险缴款、给付均记录于其他经常转移。个人投保的非社会保障类保险（如个人财产保险等），其保险缴费和保险赔付也均记录于其他经常转移。(3) 关于社会救助、

[①] 非营利性机构包括在广义的政府定义内。
[②] 支出和收入是从住户部门角度定义的。
[③] 此处称"其余经常转移"是为了与SNA2008中的"其他经常转移"相区别。

社会福利和社会优抚。当它们采用现金转移时，记录于实物社会转移以外的社会福利；当采用实物转移时，则记录为实物社会转移。本书重点研究的是个人所得税、个人经常财产税、社会保障类保险（下文简称"社保类保险"）中的社会保险以及社会救助这四种居民收入再分配政策；同时，对社会福利进行适当探讨。至于社会优抚、住户间的经常转移等其他相对次要的项目，不作专门讨论。

表1-1 居民收入再分配政策的三种分类及其对应关系

按经常转移性质		按经常转移方向	按SNA2008
个人直接税	个人所得税	经常转移支出	所得税、财产税等经常税
	个人经常财产税		
社会保障	社会保障类保险的缴款		社会保障缴款净额，其他经常转移
	社会保障类保险的给付	经常转移收入	实物社会转移以外的社会福利，其他经常转移
	社会救助		实物社会转移以外的社会福利，实物社会转移
	社会福利		
	社会优抚		
其余经常转移	住户间的经常转移	经常转移支出/收入	其他经常转移
	住户向非营利机构的捐赠	经常转移支出	其他经常转移
	住户投保的非社会保障类保险的缴费	经常转移支出	其他经常转移
	住户从非住户部门获得的不属于社会保障范围的现金与实物经常转移	经常转移收入	其他经常转移，实物社会转移

另外，需要说明的是，由于财政是社会保障资金的重要来源，各地区居民所获得的社会保障待遇即社会保障转移收入，同本地区财政收入

水平存在密切关系。在区域经济发展不平衡的情况下，政府间财政转移支付将直接影响到地区间的可支配财力差距，进而影响各地区居民的社会保障转移收入状况。鉴于政府间财政转移支付对居民收入再分配的影响较大，尽管它不属于居民收入再分配政策范围①，本书仍将其作为重要的研究内容。

第二节 各项收入再分配政策的基本框架

一、个人直接税的基本框架

个人直接税主要包括个人所得税与个人经常财产税。社会保障税尽管在实质上属于个人直接税，但出于分析方便起见，本书将其归入社会保障中加以研究。

个人所得税是对个人（自然人）取得的各项所得征收的一种直接税，其税制要素主要包括课税对象、计税依据、税率、课税模式、征税方法、纳税单位等。个人所得税的课税对象是个人的所得，但个人所得额并非就是个人所得税的计税依据，对所得额进行必要的扣除后才能得到应纳税所得额。通常而言，确定应纳税所得额的扣除主要包括成本费用扣除、基本生计扣除、特定目的扣除等。个人所得税可采用比例税率和累进税率两种形式，在实践中后者更为常用。课税模式是个人所得税政策设计的关键环节，主要分为综合课税、分类课税、混合课税三种。个人所得税的征收，最常用的是源泉扣缴法和自行申报两种方法，此外还有测定

---

① 政府间财政转移支付是属于收入再分配范畴的，在 SNA2008 中记录于其他经常转移。

法、估计法等,但相对较少使用。个人制与家庭制是个人所得税纳税单位的两种可选类型,前者以独立的个人作为申报纳税单位,而后者以家庭为单位进行申报纳税(包括夫妇联合申报和户主申报等形式)。

个人经常财产税是以个人财产为课税对象、每个纳税期定期征收的直接税。这里有两点需要特别说明。第一,个人经常财产税并非独立的税种,它包含在经常财产税体系之中,是经常财产税中对个人财产课税的那一部分。第二,由于经常财产税体系通常由几个经常财产税税种构成,因此个人经常财产税也涉及多个税种。按照课税范围,个人经常财产税可分为一般财产税和个别财产税。一般财产税是对纳税人所有的一切财产或多种财产综合课征的财产税,在具体形式上可进一步划分为选择性一般财产税和财产净值税两种类型——前者只是选择了几类财产作为课税对象,以列为课税对象的全部财产价值为计税依据;后者的课税对象是纳税人在一定时期内拥有的全部财产,其计税依据是财产总值扣减免税额与债务后的余额。个别财产税是对纳税人所有的某些特定财产单独或分别课征的财产税,其主要形式有土地税、房产税、不动产税、机动车辆税等。

二、社会保障的基本框架

社会保障可以从不同视角进行项目分类:按是否需要缴费,分为缴费型社会保障与非缴费型社会保障;按保障的性质,分为社保类保险、社会救助、社会福利、社会优抚;按保障的内容,分为养老保障、健康保障、失业保障、最低生活保障、其他社会保障。以上三种分类之间也有一定的对应和衔接关系。例如,社保类保险属于缴费型社会保障,而社会救助、社会福利、社会优抚均属于非缴费型社会保障;养老保障是由养老保险、养老救助、养老福利构成的有机整体。

(一) 按保障性质划分的社会保障项目

按保障性质划分的社会保障项目介绍如下。

一是社保类保险。社保类保险在整个社会保障体系中处于主体地位，社会成员只有参与保险缴款才能获得保险给付。按照保险发起人的不同，社保类保险大致上可分为社会保险、雇主保险、个人保险三大类型。① 本书主要关注社会保险，它是由政府发起、国家以立法方式采取强制性手段加以实施的。各种社会保险，在制度设计上均要考虑覆盖范围、筹资机制、缴款机制、给付机制和收支模式等。

二是社会救助。社会救助是指在公民因各种原因导致难以维持最低限度的生活水平时，由国家给予现金或实物的帮助，以使其基本生活得到保障。社会救助是低层次的，以维持最基本生活为原则，因而成为社会保障体系的最后一道防线。社会救助制度的主要构成要素包括救助对象、受助资格、救助标准、瞄准机制等。

三是社会福利。社会福利是国家与社会组织通过兴办福利设施、免费或优惠提供服务、发放实物、货币补贴等形式，改善社会成员物质文化生活的制度，它是社会保障的最高层次。从享受对象来看，有的社会福利是为全体社会成员普遍提供的，具有全民共享性质；而有的社会福利专门针对特殊的社会群体，主要是老年人、残疾人、孤儿等弱势人群，具有选择性特点，体现特殊社会关照。

四是社会优抚。这是国家对军人、烈士亲属、其他社会有功人员提供确保一定生活水平的资金与服务，带有褒扬优待和抚恤安置的性质。

---

① 三类社保类保险中，社会保险是主体，而雇主保险与个人保险是补充。

（二）按保障内容划分的社会保障项目

按保障内容划分的社会保障项目介绍如下。

一是养老保障。它是对退出劳动领域或无劳动能力的老年人实行的养老保险、养老救助、养老福利的总称，在整个社会保障体系中的地位最为重要，是社会保障的核心部分。世界银行提出了养老金"五支柱"的思想：零支柱是非缴费型养老金；第一支柱是由国家举办的、强制性的社会养老保险计划；第二支柱是由雇主举办的、强制性的养老金计划，旨在保障劳动者退休前后的收入水平基本稳定；第三支柱是个人或雇主发起的、自愿参与的养老保险计划，其目的是满足个性化的养老需求；第四支柱是依靠家庭成员供养老年人[1]。

二是健康保障（医疗保障）。医疗保障与健康保障，是既有联系又有区别的一对概念。[2] 健康保障的范围比医疗保障更广，后者是前者的组成部分。但在所有的健康保障项目中，医疗保障是最主要的，也是本书关注的重点。类似于养老保障，医疗保障也有医疗保险、医疗救助、医疗福利等多种实现方式，但核心是医疗保险。

三是失业保障。狭义的失业保障是指通过失业金为失业者提供收入，以保证其基本生活，失业金包括失业保险金与失业救助金两种形式。而

---

[1] 第四支柱属于家庭成员之间的经常转移，严格来说不属于收入再分配范畴。
[2] 医疗保障是对公民因疾病或意外事故造成的收入损失和发生的医疗费用给予经济补偿；健康保障是在医疗保障基础上发展而来的，在世界卫生组织对健康重新定义后，各国在医疗保障基础上将预防保险、疾病治疗、护理康复、心理咨询和健康教育等纳入健康保障的服务内容之中。

从广义角度理解，失业保障还包括失业预防和失业补救（就业扶持）①，其目的在于促进就业。

四是最低生活保障。"最低生活保障"这一概念并未在国际上得到普遍使用，较为常用的是"最低收入保障"，它是指对家庭人均收入低于最低生活标准的人口给予一定的现金救助，使其能维持基本的生活开支。更宽泛地讲，最低生活保障可理解为是专门针对难以维持基本生活的贫困人口的各种社会救助措施的总和，而最低收入保障是其主体内容。

第三节　收入再分配政策与居民收入分配间的关系

一、收入再分配政策对居民收入再分配的直接影响

前文所述的各种收入再分配政策，都会对居民收入再分配产生直接影响，即这些政策具有收入再分配效应。个人直接税与非缴费型社会保障的收入再分配效应是比较直观的：对住户部门而言，个人直接税表现为经常转移支出，非缴费型社会保障表现为经常转移收入。由于个人直接税负担水平、非缴费型社会保障受益程度在不同居民间是存在差异的，从而就会产生居民收入再分配效应。至于缴费型社会保障即社保类保险，因其同时涉及经常转移支出（缴款）与经常转移收入（给付），对收入再分配的影响相对复杂，需要做一些展开说明。

---

① 失业预防措施包括失业预警、对企业解雇的约束、职业教育和培训等；失业补救措施包括以优惠政策鼓励失业者创业、实施就业指导、提供临时工作岗位等。需要指出的是，涉及现金和实物转移的除外，大部分失业预防和失业补救措施并不属于收入再分配政策范围。

缴费型社会保障在缴款环节、给付环节的收入再分配效应，分别与个人直接税、非缴费型社会保障类似。然而，当缴款与给付两个环节结合起来看时，其收入再分配效应就呈现不同于其他收入再分配政策的特点：第一，对住户部门而言，个人直接税与非缴费型社会保障均是单向的经常转移；但缴费型社会保障则能实现双向的经常转移，在即期表现为收入从缴款者向保险金获得者的转移。[①] 第二，无论哪种缴费型社会保障，虽然个人获得保险金的前提是缴纳保险费，但两者在时间上分离并在数额上往往并不对等，这使得缴费型社会保障具有跨期收入再分配效应。

不同类型的缴费型社会保障，其收入再分配效应也有各自的特点：养老保险的收入再分配效应有代际再分配效应与代内再分配效应两类。在现收现付制下，养老保险能直接实现收入从年轻人向老年人的代际转移；至于代内再分配，可通过缴款、给付两个环节实现——在缴款环节是年轻人间的收入再分配，在给付环节是老年人间的收入再分配。医疗保险的收入再分配效应，在缴款环节表现为参保者之间的收入再分配，在给付环节表现为患病者与健康者以及不同患病者之间的收入再分配。将缴款与给付两环节结合起来看，由于不同参保者的健康状况会有所差异，医疗保险通常会使收入从健康人群向患病人群转移、从小病患者向大病患者转移。此外，因为老年人的平均医疗支出远远高于年轻人，而医疗保险缴款则主要由年轻人负担，所以与养老保险类似，医疗保险也会产生收入从年轻人向老年人转移的代际再分配效应。失业保险的再分配效应表现为收入从就业人群向失业人群的转移，与养老和医疗保险不

---

① 这种居民间的收入转移，在现收现付制下是实质上的，而在完全积累制下则是形式上的。

同的是，养老保险、医疗保险的参保者一般总能从保险中获得程度各异的受益，但失业保险的参保者很可能终身也不会获得相应保险金，因此，失业保险的收入转移效应也是特别明显的。

二、收入再分配政策对居民收入初次分配的间接影响

居民收入分配包括初次分配与再分配两大环节，收入再分配政策除了直接影响再分配外，对初次分配也会带来一定程度的间接影响。初次分配是按生产要素分配，再分配政策主要通过影响劳动供给、储蓄和投资而对初次分配环节的劳动者报酬、财产性收入产生作用。再分配政策的收入初次分配效应，尽管并非本书研究的主要内容，但也与我们的研究主题密切相关——因为合理的收入再分配政策，不仅要更好发挥对居民收入再分配的调节作用，也要尽可能有利于提高初次分配的效率、减少对初次分配的扭曲。

一方面，收入再分配政策会对劳动供给与劳动者报酬产生影响。对劳动供给与劳动者报酬产生影响的收入再分配政策主要包括个人所得税、养老保障、健康保障、失业保障、最低生活保障。具体而言：（1）对劳动收入课征个人所得税时，会对劳动供给产生替代效应与收入效应，前者减少劳动供给而后者增加劳动供给，劳动收入所得税对劳动供给的总影响取决于净效应。至于对非劳动收入课征个人所得税，则仅产生收入效应，从而促进劳动供给的增加。（2）养老保障对劳动供给的作用，在缴款环节与劳动收入所得税效应相似，而在给付环节则表现得较为复杂——养老保障能够增加预期收入，从而降低人们的劳动动机，使劳动者更早退出就业市场。不过，获得养老金的老年人可将养老金用于扩大人力资本投资、就业创业投资，这又会增加劳动供给（程杰，2014）。（3）劳动者的健康状况是影响劳动参与时间和劳动效率，进而影响劳

者报酬的重要因素之一，而健康保障对劳动者健康的意义不言而喻。对患病者来说，医疗保障有助于其减轻医疗费用负担、获得更多的医疗服务，从而促进健康人力资本的修复，减少因疾病而损失的劳动时间与收入；对健康者来说，非医疗保障的其他健康保障项目，也能够进一步提升其健康人力资本，这对提高劳动生产率与劳动收入也是有益的。但是，健康保障提高到一定程度后会出现替代效应，可能使人们做出提前退休的决策（秦雪征、刘国恩，2011），进而减少劳动供给。（4）失业保障主要通过失业金给付标准、给付期限两因素对劳动供给与劳动收入产生影响。一般认为，失业金较高的给付标准与较长的给付期限会提高失业者的保留工资水平，使失业者寻找工作的努力程度降低、失业持续时间延长，但也有学者对此提出质疑（Ehrenberg & Oaxaca，1976；Meyer，1990）。（5）对于贫困人口而言，最低生活保障会通过增加非劳动收入而改变其所面临的预算约束，并由此影响其劳动供给与就业行为。长期以来，最低生活保障可能导致的"福利依赖"问题一直受到人们的关注，水平过高的低保金及附加福利会造成低保对象缺乏就业积极性，抑制该群体的劳动供给。

另一方面，收入再分配政策还会对个人储蓄、投资和财产性收入产生影响。首先，各种收入再分配政策均会改变居民当期可支配收入水平，进而改变其当期储蓄和投资水平，并由此影响到其下一阶段的财产存量与财产性收入水平。其次，个人直接税与社会保险缴款会影响居民储蓄和消费比例的选择，其原因在于两大再分配政策对储蓄会产生收入效应与替代效应——收入效应使居民为了保持未来消费水平而相对增加储蓄；

替代效应降低了当期消费的机会成本,使居民相对减少储蓄。[①] 再次,在个人经常财产税不采用财产净值税的情况下,不同种类资产的财产税负水平会有所差异,这种差异会影响居民储蓄在实物投资和金融投资间的配置比例以及实物和金融投资的内部结构。例如,当实行个别财产税并且只对不动产课税时,居民在不动产方面的投资比例就会有所削减,进而使不动产带来的财产收入相对减少。

第四节 收入再分配政策对居民收入差距的调节作用

一、收入再分配政策调节居民收入差距的作用机制

收入再分配政策发挥调节居民收入差距的作用,仅针对再分配环节而言,就是要实现不同收入阶层间的收入再分配,更准确地说就是使收入从高收入群体向低收入群体转移。第三节探讨了各种收入再分配政策对居民收入再分配的影响,这种影响在某些政策中明显表现为不同收入阶层间的收入再分配,如个人所得税。而在另一些政策中则更多地以其他形式的收入再分配表现出来,如医疗保险的再分配就主要表现为收入从健康者向患病者的转移,而非直接表现为高收入者向低收入者的收入转移。

根据再分配过程中不同收入阶层间收入转移直观表现程度的差异,可将收入再分配政策大致划分为四类:在第Ⅰ类中,经常转移直接表现

[①] 更准确地说,对储蓄的收入效应,是个人所得税、个人经常财产税、各种社会保险缴款所共有的。但对储蓄的替代效应,则仅仅是个人财产性收入所得税、个人经常财产税具有。

为收入从高收入群体向低收入群体的转移，主要包括个人所得税与最低生活保障，其中个人所得税侧重于"调高"，而低保偏重于"提低"。在第Ⅱ类中，经常转移比较明显地体现为从高收入群体向低收入群体的收入转移，由于个人经常财产税具有较强的"调高"作用，而养老救助、医疗救助、失业保障的对象主要是低收入者，因此这四种政策均可归属于该类别。在第Ⅲ类中，不同收入阶层间的收入转移在直观上表现得不是很突出，养老保险就属于此类。在第Ⅳ类中，收入阶层间的收入转移处于一种隐蔽状态，很难直接观察出来，该类政策主要是医疗保险。那么，在养老保险和医疗保险中，究竟怎样实现从高收入群体向低收入群体的收入转移呢？

代际再分配是养老保险收入再分配效应的主要表现形式之一，而收入从年轻人向老年人转移的代际再分配过程，实际上也是高低收入人群之间的收入转移过程——因为在不考虑养老金的条件下，老年人的平均收入必然低于年轻人，由此老年人就是相对于年轻人的低收入群体。另外，鉴于不同行业间、不同性别间存在收入差距，养老保险代内再分配中的行业间再分配、性别间再分配也伴随着收入阶层间的收入转移。例如，因为人均寿命上的差异，养老金存在从男性向女性的再分配（王晓军、康博威，2009；汪华、汪润泉，2014），而男性的平均收入一般又要高于女性，所以性别间再分配也实现了高低收入人群间的收入转移。再考察医疗保险的收入阶层间再分配效应。根据目前许多研究，低收入人口由于营养状况、居住环境、心理压力等方面的原因，患病率往往高于高收入人口，即患病概率和经济收入存在一定程度的负相关性。在此情况下，一个覆盖面较广、制度设计较完善的医疗保险体系，在实现从健康者向患病者收入转移的同时，也能起到缩小居民收入差距的作用。

收入再分配政策实现由高收入群体向低收入群体的收入转移，主要依靠两大机制：一是具有累进性的经常转移支出，即经常转移支出占个人收入比重随收入水平提高而上升；二是具有累退性的经常转移收入，即经常转移收入占个人收入比重随收入水平提高而下降。具体来看主要包括：（1）累进的经常转移支出机制。个人所得税的累进性主要通过免征额、纳税扣除、税收抵免和累进税率来实现，综合课税模式相比分类课税模式也有助于增强个税的累进性。个人经常财产税能够产生累进性，与资产—收入关系、消费倾向递减及免征扣除规定等因素有关。社会保险缴款一般采用比例费率，往往是累退而非累进的。但对低收入参保者的缴款减免等举措，能降低保险缴款的累退性。（2）累退的经常转移收入机制。社会保障中各类社会救助项目，它们的受益对象主要是低收入者，因此，低收入者从这些项目中获得的转移收入占其收入的比重就要高于高收入者。至于社会保险与社会福利项目的转移性收入，它们之所以能够产生累退性，主要原因在于给付机制等方面的特定制度设计，如养老保险金的替代率随收入而递减、让低收入者享受比高收入者更高的医疗费用报销率等。

二、收入再分配政策在调节居民收入差距上的职能定位

（一）收入再分配政策的职能定位问题

收入再分配政策在经济社会发展过程中应当发挥并承担一定的作用，这就是收入再分配政策的职能定位。由于对居民收入分配尤其是再分配能带来重要影响，各种收入再分配政策均具有一定的调节收入差距的职能。不过，收入再分配政策的职能定位不是单一的，而是一个多层次的体系，并且随着时间变迁也会发生变化。当某项收入再分配政策具有多种职能时，这些职能会有主次轻重之分，从而在职能体系中处于不同层

次。就不同收入再分配政策来说，调节居民收入差距职能在其职能体系中所处的地位是有差异的：有些政策直接旨在调节个人收入差距，如个人所得税。但更多的政策并不以此为首要或主要职责，较典型的是医疗保障。

在收入再分配政策的具体制度设计过程中，调节居民收入差距职能有可能同其他职能存在一定的矛盾与冲突——强化前者将出现弱化后者的结果。此外，加强收入分配调节职能还可能引发一些负面效应，如损害经济效率等。当面临上述情况时，如何在制度设计上进行权衡选择则成为一大挑战。此时，理解不同收入再分配政策的主要职能定位，认识调节居民收入差距在收入再分配政策多元化职能体系中的位置，是妥善处理职能间冲突问题、有效应对再分配负面效应的前提基础，对平衡不同政策目标、制订合理的收入再分配政策有重要意义。

（二）调节收入差距职能在收入再分配政策职能体系中的地位

一般认为，个人所得税具有筹集财政收入、调节收入分配、稳定经济运行三大职能，其中，前两者的重要性更加突出。尽管学术界对个人所得税收入分配职能的认识有所差异，在筹集财政收入与调节收入分配两大职能间的主辅关系上也有不同看法，但综观国内外长期政策实践，绝大部分国家普遍重视发挥个人所得税对个人收入差距的调节作用。筹集财政收入是任何税种所具有的普遍职能，并非个人所得税所特有。而调节居民收入差距则是经济社会发展赋予个人所得税的一项个性化职能，其他税种未必具有。如果个人所得税不能起到缩小收入差距的作用，即使它对财政收入的贡献度再高，也不会令社会公众满意。因此，调节居民收入差距是个人所得税的主要职能之一，与筹集财政收入职能处于同样重要的地位。

财政学界将财产税的职能概括为筹集财政收入、调节收入分配、优化资源配置等。但本书研究的是个人经常财产税而非一般意义上的财产税,因此不能简单套用这三大职能。就个人经常财产税来说,优化资源配置职能不是很适用。而筹集财政收入职能相比财产税整体也有所削弱。[①] 在此情况下,调节收入差距在个人经常财产税职能体系中的重要性就凸显出来——首先,由于对法人财产的课税较难起到调节居民收入差距的作用,财产税的调节收入分配职能主要是通过个人财产税实现的;其次,个人经常财产税是调节个人收入的重要途径,如果说个人所得税是在收入取得环节发挥再分配调节作用的话,那么个人经常财产税则偏重于从财产持有环节入手实现再分配目标;再次,基于财产与收入的正相关性,对高收入群体在财产持有环节征收财产税,是缩小居民收入差距的重要手段。综上所述,调节居民收入差距理应成为个人经常财产税的主要职能。不过,对于个人经常财产税的不同类型,调节收入差距职能的强弱程度是有一定差异的:个人财产净值税是对自然人的净资产课税,调节居民收入差距的职能最强;个人选择性一般财产税是对自然人部分财产的价值总和征税,调节个人收入差距的职能相比个人财产净值税稍弱一些。至于个人个别财产税,因仅针对个人特定财产单独或分别课税,其调节收入差距的职能要更弱一些。

在各种社会保障项目[②]中,以调节收入差距为主要职能的是最低生活保障。最低生活保障的首要目标是保障贫困群体最低生活的需要,"兜底线"是该项制度的本位功能(胡思洋,2015)。由于低保的对象主要是贫困人口,因而它也成为反贫困政策的重要内容,担负着增加贫困居民收

---

① 因为个人经常财产税只是整个财产税体系的一部分,与财产税整体相比,其征税范围要窄、税源也要少,所以筹集财政收入的能力自然也要弱一些。
② 按保障内容进行划分。

入、扶持低收入群体的职责。"兜底线"的保障功能与"提低"的分配功能本质上是一枚硬币的两面。然而，对于养老保障、医疗保障、失业保障等其他社会保障项目，就各种保障项目整体而言，调节居民收入差距并非它们的主要职能所在：养老保障的主要职能是为老年人提供收入保障，满足老年时期基本生活需要；医疗保障旨在化解与分散疾病风险，减轻患病者的医疗费用负担；失业保障的目标首先定位于保障失业人员的基本生活。不过，基于上述社会保障项目具有不同程度的收入再分配效应，调节居民收入差距职能依然是这些项目职能体系中不可或缺的组成部分，可视为由主要职能所派生出来的辅助性职能。

进一步分析发现，对于将调节收入差距作为次要职能的各类社会保障项目，如果把项目进一步细分的话，不同子项目的职能定位将会呈现差异化特点。以养老保障为例：养老救助旨在通过对收入较低、生活较困难老年人的救助以减少老年贫困，通常由政府一般预算提供资金；而养老保险是建立在缴费基础上的，养老金主要来源于保险缴款而非一般预算，它关注向社会成员较广泛地提供老年时期的收入保障。可见，在调节收入差距职能的重要性程度上，养老救助要高于养老保险。另外，在养老保险内部，由于社会养老保险注重发挥保险资金的互助共济作用，因此具有较强的收入再分配职能；至于雇主养老保险和个人养老保险，则偏重于为参保者提供更充裕的养老金，进而提高其老年生活水平，一般不太强调对收入差距的调节作用。

第二章

国外收入再分配政策的演变、现状与影响因素

国外收入再分配政策经过长期发展演进，逐步趋于成熟完善，到目前已经形成了各具特色的体系。不同国家之间的收入再分配政策，既存在一些共性化的特征，也具有一定程度的差异化特点。收入再分配政策的历史变迁及跨国差异有其内在规律性，理解影响收入再分配政策的主要经济、社会、文化因素，有助于我们认识与把握这种规律。本章的主要目的就是考察国外收入再分配政策的演变过程与基本现状，分析影响收入再分配政策的关键因素，进而揭示收入再分配政策发展与变革的根本动因。

第一节 国外收入再分配政策的发展演变

国外收入再分配政策经历了较长时间的发展，尤其是发达国家，本书主要从收入再分配规模、收入再分配项目结构、各项收入再分配政策三方面考察国外收入再分配政策的演变过程。在收入再分配规模与项目结构两部分，主要采用定量分析法，研究对象以 OECD 国家为主。而在

各项收入再分配政策部分,除了对世界各国进行总体性考察外,还将重点关注有代表性的国家。

一、收入再分配规模的变化

自20世纪80年代以来,除新西兰等少数国家外,大多数OECD国家的收入再分配规模均有不同程度扩大,其中,韩国、希腊、葡萄牙、日本等国的增幅尤为明显。从OECD国家的平均值来看,收入再分配规模也呈现较明显的扩大趋势(见表2-1所示)。

表2-1 OECD国家收入再分配规模的变化

单位:%

年份 国家	1980	1985	1990	1995	2000	2005	2010	2013
澳大利亚	23.6	26.5	27.3	32.6	34.1	31.9	29.9	32.4
奥地利	47.2	49.1	48.1	53.3	52.9	52.4	54.6	55.7
比利时	-	-	-	53.1	50.6	51.9	55.0	57.4
加拿大	27.9	33.0	37.8	38.0	34.9	34.1	34.7	34.6
智利			13.0	14.5	17.0	13.8	16.2	16.3
芬兰	-	45.2	49.3	56.6	48.6	48.6	51.9	55.2
法国	-	50.3	48.9	53.9	53.6	55.5	57.5	60.7
德国	47.3	47.5	45.8	51.0	50.2	48.7	49.5	49.7
希腊	20.2	27.9	27.1	29.0	33.4	36.1	39.7	-
意大利	35.9	41.2	43.8	45.5	45.7	47.6	53.0	54.6
日本	24.1	26.6	27.2	29.7	32.5	34.5	40.0	42.7
韩国	-	-	8.9	9.5	12.3	14.8	18.0	20.6
卢森堡	38.9	39.0	36.0	37.4	35.9	41.2	43.3	44.5
墨西哥	-	-	-	-	-	11.4	13.0	-
荷兰	-	-	-	45.7	39.7	40.0	43.9	45.8

续表

年份 国家	1980	1985	1990	1995	2000	2005	2010	2013
新西兰	35.8	35.8	38.5	34.5	33.0	33.3	32.4	31.9
挪威	37.6	36.2	44.6	44.0	41.1	40.8	43.1	43.0
葡萄牙	-	-	23.9	29.6	32.4	36.2	38.9	42.7
西班牙	30.3	34.0	37.9	40.1	38.3	39.5	45.4	46.5
瑞典	56.7	57.5	61.4	60.5	59.5	57.8	53.0	54.9
瑞士	29.9	30.9	29.4	36.9	37.3	40.0	39.9	41.3
土耳其	-	-	-	-	17.7	19.4	23.1	25.6
英国	34.2	35.3	31.2	33.9	34.9	37.3	40.9	39.5
美国	29.8	29.8	30.9	32.6	34.0	32.6	35.1	36.3
OECD 平均	32.9	34.9	35.3	37.6	36.9	37.0	39.4	40.3

资料来源：根据 OECD Statistics 相关数据计算。

注：①收入再分配规模衡量指标为个人经常转移收入与支出之和占 GDP 的比重；②部分 OECD 国家相关数据缺失较严重，故未列入表中。

二、收入再分配项目结构的变动

（一）收入再分配项目结构变动的基本特征

从近百年来收入再分配政策项目构成的演变来看，个人直接税方面并无较大变动，变化主要体现在社会保障领域，概括而言有以下一些特点。一是新增了大量社会保障项目。随着各国社会保障制度的不断完善，社会保障项目逐渐增多。特别是"二战"以后至 60 年代中期，一些发达国家致力于建设"福利国家"，新的社会保障项目不断涌现。而在社会保障相对滞后的发展中国家，也通过新设项目来推动社保体系的建设。二是在新设项目的同时也合并、削减了部分项目。20 世纪中叶，发达国家社会保障出现了从单项保障向总体保障转变的趋势。

例如，英国的失业、医疗、老年和寡妇保险，在"二战"前分属于不同的保险计划，而1944年实施《国民保险法》后归并为统一的社会保险计划。法国、德国、瑞典等国也进行了类似的改革。此外，在20世纪末期，不少社保支出负担较重的国家开始着手削减一部分社会福利项目，使社保项目总量有所压缩。三是社会保障项目数量总体上趋于增加。尽管社保项目有增有减，但总趋势是在增加。在20世纪初，社会保障的项目类型并不丰富，而经过半个多世纪的发展，到1979年，世界上社会保障各项目已增至494项，几乎覆盖社会生活的各个方面（王榕平、王启民，1996）。四是从社会保障项目的相对地位来看，社会救助的重要性程度下降，社会保险成为社会保障的主体内容。另外，社会福利的地位也有所上升。五是非政府发起的社会保障项目较快增长。以养老保障为例，自20世纪中叶以来，各国尤其是发达国家的职业养老金和商业养老保险得到快速发展，养老保障的多层次格局越来越明显。

（二）经常转移收支的结构变动

近三十多年来，OECD国家个人经常转移支出占个人经常转移的比重基本上都呈下降趋势，见表2-2。可见，就规模判断，经常转移支出在收入再分配中的相对地位在逐步降低。换言之，经常转移收入在收入再分配中的相对地位则趋于提高。

表2-2 OECD国家经常转移中经常转移支出占比的变化

单位:%

国家＼年份	1980	1985	1990	1995	2000	2005	2010	2013
澳大利亚	56.5	54.4	51.9	42.3	39.1	43.2	39.0	39.3
奥地利	50.6	50.3	49.4	49.2	50.0	48.9	47.9	49.0
比利时	-	-	-	52.5	53.6	51.3	48.6	48.9
加拿大	52.3	50.3	53.6	51.8	54.9	52.7	49.4	51.2
智利	-	-	20.2	16.1	18.0	19.4	18.1	19.1
芬兰	-	52.1	52.7	49.0	53.4	50.8	47.2	46.6
法国	-	49.8	49.9	47.0	48.1	47.7	46.3	47.7
德国	50.0	50.1	50.0	47.6	46.8	44.1	45.3	47.4
希腊	51.2	44.9	42.0	42.8	44.9	43.5	39.9	-
意大利	49.4	49.0	49.4	50.6	48.0	46.9	46.5	46.4
日本	57.1	57.9	58.5	51.8	48.3	46.0	43.3	44.5
韩国	-	-	66.4	63.3	56.5	54.5	50.6	51.0
卢森堡	50.6	52.0	49.7	47.4	48.2	45.0	45.2	45.8
墨西哥	-	-	-	-	-	44.7	42.3	-
新西兰	53.3	52.2	46.7	48.0	44.1	46.5	37.6	39.5
挪威	56.5	51.5	49.2	46.8	47.4	46.1	46.4	46.6
葡萄牙	-	-	47.9	44.7	41.6	37.3	36.4	39.6
西班牙	50.5	49.6	49.4	48.5	49.1	48.3	43.1	43.5
瑞典	56.1	53.1	55.7	48.9	54.1	52.0	49.8	49.3
瑞士	51.5	50.2	47.7	44.4	42.6	40.1	39.7	39.1
土耳其	-	-	-	-	56.3	46.9	44.5	47.7
英国	53.7	47.9	50.2	44.3	47.3	45.9	42.0	42.2
美国	55.7	55.6	55.6	52.5	57.0	51.0	44.0	47.3
OECD平均	53.7	51.9	50.7	48.5	49.4	47.4	44.5	45.6

资料来源:根据OECD Statistics相关数据计算。

注:部分OECD国家相关数据缺失较严重,故未列入表中。

经常转移支出与经常转移收入的内部结构也发生了一定变化：在经常转移支出的内部结构方面，OECD成员国间出现了一定程度的趋同化现象——在个人所得税占比相对较高的国家，个人所得税占个人经常转移支出比重大多有所下降，较典型的如瑞典、美国、瑞士等。反之，个人所得税占比相对较低的国家，个人所得税占个人经常转移支出比重多有不同程度的提高，有代表性的是法国、意大利、希腊等。在社会保障缴款占比上，也出现了较为类似的现象。在经常转移收入的内部结构方面，大部分OECD国家的养老保障转移收入占比有不同程度的上升；健康保障转移收入占比的变化幅度小于养老保障转移收入占比，而且不同国家在变化趋势上出现了一定分化。至于失业保障转移收入占比，其变化的突出特点是波动性较大。

三、各项收入再分配政策的变革

（一）个人直接税的变革

1. 个人所得税的变革

在发达国家，个人所得税的产生与战争密切相关，开征个人所得税在很大程度上是为了筹措战争经费。因此，在其建立初期，往往随着战争的时有时无而时征时停。直到"二战"以后，个人所得税制度才逐步趋于成熟，成为发达国家的主要税种之一。而在发展中国家，个人所得税的产生与战争并无太多关联，这些国家个人所得税制的建立与发展受发达国家的影响较大，但在成熟程度方面远不及发达国家。

从课税对象来看，国外个人所得税的征税范围在总趋势上是扩大的，特别是从20世纪80年代开始，不少国家将附加福利与资本利得纳入了征税范围。在计税依据方面，针对税制发展中形成的纳税扣除项目越来越庞杂，导致税基缩小的问题，近三十多年来，不少国家致力于削减与规范扣除项目，其目的是使税基更加整洁。长期以来，税率是国外个人所得税变革的重点内容：从19世纪末期开始，各国逐步将比例税率转变为累进税率，税率水平总体上也趋于提高。"一战"以后，累进税率的级次逐渐增多，累进程度也不断提高；到了"二战"期间，累进程度达到前所未有的水平；"二战"之后，税率的累进程度有所下降。进入20世纪80年代，随着世界各国减税浪潮的兴起，发达国家的个人所得税普遍呈现最高边际税率下降、税率档次减少的趋势。在不少发展中国家，也出现了降低税率水平、简化税率结构的改革趋势。此外，一些转型国家的个人所得税在改革后还采用了单一税率，最典型的就是俄罗斯。在个人所得税课税模式的演变路径上，大部分国家都是先实行分类征收，之后再往综合所得税制模式转变。20世纪90年代初，瑞典、挪威等北欧国家还陆续引入二元所得税制模式[①]。

2. 个人经常财产税的变革

由于个人经常财产税是包含在经常财产税中的，因此我们主要考察经常财产税的发展演变。经常财产税是古老的税种，最早的经常财产税是农具税和牲畜税，此后，土地税成为各国普遍征收的经常财产税；在城市出现和城市化的背景下，开始对房产单独课税，有些国家还将土地和房产合并在一起征收不动产税。随着资本快速积累和财产形式越来越丰富，经常财产税出现了由个别财产税往一般财产税发展的趋势。在经常财产税的演进过程中，计税依据和税率也发生了较大变化，计税依据由从量计征转变为从价计征，而税率则从定额税率为主转变为比例税率为主，在某些国家还实行了累进税率。

---

① 二元所得税制可以视为混合税制模式的一种具体形式。

(二) 社会保障的变革

1. 社会保障变革概况

19世纪80年代，以德国出台三部保险法[①]为标志，现代社会保障制度正式诞生。继德国之后，西欧和北欧各国也先后建立了以强制型社会保险为主体的社会保障体系。1935年，美国颁布了《社会保障法》，成为最早实行系统的社会保障法律制度的国家。到"二战"之前，社会保障制度在主要发达国家已普遍建立，但尚不完善。

"二战"以后，社会保障开始进入快速发展的黄金时期：一方面，发达国家的社会保障制度进一步得到健全，走向全面化和体系化；另一方面，社会保障开始从发达国家向发展中国家扩展，许多亚非拉国家也纷纷建立了社会保障制度。"二战"之后全球社会保障尤其是发达国家社会保障的发展主要呈现如下几大特点：一是社会保障的覆盖范围不断扩大，从对特定群体的保障转向对全体社会成员的保障；二是社会保障项目越来越丰富，涵盖了养老、医疗、保健、失业、工伤、残疾等诸多领域；三是政府成为社会保障的提供主体，财政社会保障支出快速增长。

通过"二战"后二十多年的发展，在世界上大致形成了四种类型的社会保障模式，分别是投保资助型模式、福利国家型模式、储蓄保险型模式与国家保障型模式。其中，福利国家型模式的影响力相对最大。20世纪70年代以后，随着全球经济增速放缓与人口结构发生重大变化，发达国家"二战"后形成的覆盖全民的、"慷慨"的社会保障体系难以维系，特别是实行福利国家型模式的国家。为此，在发达国家掀起了一轮

---

① 分别为《疾病保险法》(1883年)、《劳工伤害保险法》(1884年)和《残疾与老年保险法》(1889年)。

社保制度改革浪潮，核心举措包括：改革筹资机制，增强个人责任；调整缴款机制，增加缴款收入；改进给付机制，节约社保支出；实行社保私营化，减少政府干预。改革的目的在于提高经济效率，实现社保体系可持续性发展。

20世纪90年代初，随着苏联解体，以苏联为代表的国家保障型社保模式逐渐退出，各转轨国家借鉴发达国家经验，按照市场经济要求对本国的社保体系进行了深度变革。至于在广大发展中国家，近四十年来的社会保障制度改革呈现一些不同于发达国家的特点，主要表现为努力扩大社保覆盖面、积极引入非缴费型社保等。

2. 养老保障的变革

从19世纪后期到"二战"是养老保障制度的初创阶段，"二战"结束时，世界上有30多个国家建立了养老保险制度，但该时期养老保障的覆盖面较窄。"二战"以后，养老保障制度进入快速发展时期，发达国家养老保障的覆盖面逐渐从产业工人向全民覆盖，保障的待遇水平也逐步提高，现收现付制成为各国社会养老保险的主要模式。20世纪70年代后，发达国家针对原有养老保障制度的一些缺陷进行了改革，具有共性的举措主要包括：在社会养老保险方面，提高缴费率和缴费基数、削减给付水平、严格给付条件、延长退休年龄，一些国家还从现收现付制转向基金积累制。此外，积极发展职业年金和商业养老保险，养老保障的多层次、多支柱特点越来越明显。

发展中国家养老保障的发展相对滞后，除了智利等少数拉美国家外[1]，绝大多数国家在"二战"后才建立起初步框架。此后，这些国家

---

[1] 智利早在1924年就建立了社会养老保险制度，巴西、乌拉圭等国也在"二战"前建立了现代意义的养老保障制度。

的养老保障也大多经历了覆盖面逐步扩大、给付水平逐渐提高的过程。到了20世纪80年代，智利所推行的养老保险私有化改革取得了令人瞩目的成效，被称为"智利模式"，引起了世界各国的高度关注。以俄罗斯为代表的转轨国家的养老保障制度，在改革路径上有较鲜明的特点。苏联解体后，俄罗斯、波兰、匈牙利等国对原先的国家保障型养老模式进行了根本性变革，主要举措包括加强个人缴费责任、发展多支柱养老保险等。

3. 医疗保障的变革

1883年德国颁布了《职工疾病社会保险法》，标志着世界上第一个强制性社会医疗保险制度的诞生。到1920年左右，社会医疗保险已在大部分欧洲国家建立起来，并随后推广到亚洲、美洲和大洋洲诸多国家。至此，以社会医疗保险为主导的医疗保障体系初步形成。不过，当时的医疗保障对象主要局限于产业工人及其家属，保障措施也比较分散，没有形成体系。

"二战"结束到20世纪70年代，世界医疗保障制度获得较快发展。新独立的国家借鉴欧美国家经验陆续建立了医疗保障制度。国际劳工组织先后通过了《医疗服务建议》和《社会保障最低标准公约》，推动了全球医疗保障制度趋于完善。该时期的医疗保障范围逐步从产业工人扩展到全民，在保障水平方面总体上也呈提高趋势。从20世纪70年代开始，随着社会经济发展环境的变化，发达国家纷纷调整与改革原有的医疗保障体系，主要举措包括提高缴费标准、降低补偿水平、实行私营化改革等。近十余年来，全球医疗保障改革又出现了一些新的特点，如在给付机制上从后付制转向预付制、加强个人责任、提升医疗保障便利性等。

4. 失业保障的变革

英国在1911年最先建立了强制性的失业保险，之后，欧洲各国纷纷效法，强制性失业保险成为世界失业保障的主流。20世纪30年代大危机后，强制性失业保险制度在发达国家普遍建立起来。至于发展中国家，失业保险制度的建立时间较晚，多在20世纪50—60年代甚至更晚。20世纪80年代以前的失业保障，强调为失业者提供收入与生活保障；从80年代开始，各国通过修订失业保险法规以赋予失业保障一定的促进就业功能。进入20世纪90年代，改革的定位更加明确，那就是建设"就业导向型"的失业保障体系。

5. 最低生活保障的变革

尽管许多国家并无"最低生活保障"之称，但在实践中普遍建立了旨在保障贫困群体最基本生活的制度，并包含在社会救助体系中。在西方国家，英国最早建立了对贫民的社会救助制度，为其他国家提供了借鉴。其后，法国、瑞士等国也陆续实行了贫民救助计划。到了20世纪初，西方各国政府对在整个社会中起"保底"作用的社会救助制度给予了充分重视，确立了政府为贫困者提供收入和生活保障的最终责任。在整个20世纪，虽然社会保险成为整个社会保障体系的核心，但以低保为主体的社会救助并未被社会保险所完全替代。从20世纪末期开始，针对"福利陷阱"等问题，西方国家纷纷对最低生活保障制度进行改革，其基本思路是严格受助条件、规定救助权责关系、从克服收入贫困上升到消除能力贫困等。

第二节 国外收入再分配政策的现状特点

经过长期的发展演变，当前世界各国的收入再分配政策，既有共性特征又有个性特点。总体而言，相比发展中国家与转轨国家，发达国家的收入再分配政策体系更显成熟与完善。本节拟考察若干有代表性的发达国家、发展中国家与转轨国家现行收入再分配政策的基本状况，在此基础上，揭示现阶段国外收入再分配政策的共性与差异。

一、代表性发达国家收入再分配政策的基本现状

（一）当前美国收入再分配政策概况

1. 美国现行个人直接税制度概况

美国对绝大部分的个人所得实行综合课税。联邦个人所得税[①]的计算公式为 TAX = [AGI − PE − MAX(SD,ID)] × R − TC。其中，AGI 为调整后总所得；PE 为个人宽免，它既包括为纳税人本人进行的扣除，也包括为纳税人配偶及符合条件的被抚养人进行的扣除；SD 为标准扣除，ID 为分项扣除，纳税人只能选择标准扣除和分项扣除中数额高者扣除；R 为税率，当前实行的是7级超额累进税率；TC 为税收抵免，主要类型有儿童及被抚养人税收抵免、老年人和残疾人税收抵免、劳动所得税收抵免等。

美国对个人财产课征的经常财产税，采取的是选择性一般财产税模式。纳入课税范围的不动产包括住宅用地、住房、农场、农庄等；至于动产，则只是在很小范围内有选择性的征税，主要是机动车、游艇等。美国个人经常财产税建立在比较全面的财产登记和估价制度基础上，按照个人财产的评估价值征收。至于税率，一般由各地方政府自行规定，通常集中在3%—10%的区间范围。

2. 美国现行社会保障制度概况

美国社会保障的内容广泛，涉及养老、医疗保健、就业、居住等各

---

① 美国个人所得税分为联邦税、州税以及地方税。

个方面，集保险、救助、福利于一体。社保资金主要来源于财政投入与社会保障税（工薪税）。社会保障税分为三个税目：老年、遗属和残障保险税，医疗保险税，失业保险税。

美国养老金制度由社会养老保险、政府养老金计划、雇主养老金计划和个人养老金计划等构成。社会养老保险主要是指老年、遗属和残障保险（OASDI[①]）中的老年保险项目，该项目采用现收现付制。此外，以收入补充保障计划（SSI）为主体的养老救助也发挥着重要的养老保障作用。美国是发达国家中唯一没有建立统一的全民医疗保障制度的国家，其医疗保障体系由公共医疗保障与私人医疗保险两部分构成，其中私人医疗保险处于主体地位。公共医疗保障的核心是医疗照顾计划（Medicare）、医疗救助计划（Medicaid）、儿童健康保险计划（SCHIP）等项目。医疗照顾计划针对的是老年人与残障人士，医疗救助计划主要为低收入者等弱势群体提供免费的医疗服务。美国失业保险的覆盖面达到全部劳动力的90%以上，失业保险金根据失业者过去工资收入的一定比例发放。美国并没有专门的最低生活保障制度，保障贫困人群基本生活的政策体现在各种社会救助上。目前，旨在维持贫困群体基本生活水平的社会救助项目主要包括收入补充保障计划（SSI）、贫困家庭临时援助（TANF）[②]、各类非现金救助（补充营养援助计划[③]、医疗补助、住房补助等）。

[①] OASDI（Old-Age, Survivors and Disability Insurance）是一个捆绑式的复合型社会养老保险，它不仅包括养老保险，而且包括基于养老保险的遗属保险和残障保险。
[②] 贫困家庭临时援助（TANF）自1997年7月1日开始实施，其前身是抚养未成年儿童家庭补助（AFDC）。该项目旨在帮助那些单亲家庭或父母双方中有一人无劳动能力或长期失业的家庭维持最基本的生活。
[③] 补充营养援助计划（SNAP）的前身是食品券计划，2008年10月改为现名，该计划旨在为穷人家庭提供食品方面的补贴。

(二) 当前日本收入再分配政策概况

1. 日本现行个人直接税制度概况

日本个人所得税①采用综合与分类相结合的混合课税模式，除了对利息所得、小额红利所得等少数应税所得单独规定比例税率实行分类课征外，其余大部分应税所得均纳入综合课征范围，适用6级超额累进税率。日本个人所得税的纳税扣除主要有分项扣除与综合扣除两个层次——分项扣除是针对每一项所得的扣除；综合扣除是针对综合课税所得总额的扣除，具体包括基础扣除、配偶扣除、抚养扣除、老人扣除等对人的扣除以及社会保险费扣除、医疗费扣除、捐款扣除等对事的扣除。个人所得税的税收抵免主要包括红利的法人税抵免、外国税收抵免、长期住宅贷款特别抵免、其他特别政策抵免等。

日本个人经常财产税的最主要税种是不动产购置税、固定资产税和特别地价税，其中，不动产购置税在财产取得环节征收，固定资产税在财产保有环节课征，而特别地价税同时针对财产取得与保有两个环节征税。除了以上三个税种外，日本国民需缴纳的经常财产税还有汽车税与轻型车辆税。

2. 日本现行社会保障制度概况

当代日本的社会保障制度是在第二次世界大战后建立与发展起来的，经过"二战"后70多年的建设，目前已形成一个种类繁多、结构复杂的综合性体系，涉及养老、医疗保健、失业、职业伤害、儿童、残疾人等众多领域，并以保险原则、救助原则和抚养原则为实施原则（王伟，2014）。社会保险、社会救助、社会福利构成了日本社会保障的三大支柱，而社会保险是最为核心的内容。日本主要通过税收和社会保险费方

---

① 日本个人所得税分为国税和地税，其中地税称为个人住民税，本书只分析国税。

式筹集社会保障资金，社会保险费由雇主和雇员分担。此外，社保基金运营收入、国有资产增值收益也为社会保障提供部分资金支持。

日本的养老保障包括公共养老金制度、企业补充养老金制度、个人储蓄养老金制度三部分，其中，公共养老金是强制国民参加的，由国民年金与被用者年金（包括厚生年金与共济年金）两个层次构成。日本的医疗保障体系，主要由面向受雇者的职业医疗保险、面向自雇者的地域医疗保险、面向75岁以上老人的后期高龄者医疗制度三部分组成。日本失业保险的对象是企事业单位的劳动者，失业保险金的支付主要包括基本津贴、学习技能津贴、寄宿津贴、伤病津贴等。日本的最低生活保障又称为"生活保护"，包括生活、教育、医疗、住房、护理、生育、就业、丧葬八大类内容，以现金给付为主，并辅以一定的实物给付（主要体现在医疗、护理上）。

（三）当前德国收入再分配政策概况

1. 德国现行个人直接税制度概况

在德国的个人所得税制中，对工薪所得征收工薪所得税，对资本投资所得征收资本收益税，对财产租赁所得与其他所得，有些按实际发生额征收非估计所得税，有些因不易审计稽征而按估计数征收估计所得税。其中，工薪所得税在个税中的占比最高，是个税的主体。纳税人为获取工薪所得发生的工作成本及其他必要费用可以在工薪所得税中作为税前列支项目扣除。工薪所得税实行累进税率，当年应税工薪所得额在8004—52881欧元（单身申报）或16008—105762欧元（夫妻联合申报）[①]之间时，适用的是几何累进税率，这是德国个税的一大鲜明特点。

---

① 这是2011年度的标准。

在个人经常财产税方面，德国曾经征收过财产净值税，但该税种在1997年1月1日被取消。目前德国个人需要缴纳的经常财产税主要是房地产交易税和土地税。

2. 德国现行社会保障制度概况

德国社会保障制度历史悠久，从确立迄今为止已有140多年的历史，其社会保障体系包罗万象，仅社会保险项目就多达100余种。社会保险在德国社会保障体系中占据主导地位，社会保险占社会保障费用总额的比例近三十年来长期维持在60%以上。社会保障资金的来源包括雇员和雇主缴纳的社会保障税、财政拨款、投资收益、社会捐赠等，其中，社会保障税占全部资金来源的60%左右。社会保障税以工资薪金为征税对象，分为养老保险、健康保险、失业保险与残疾人保险四个税目。

德国养老保险由法定养老保险、企业补充养老保险、个人自愿储蓄性养老保险构成。法定养老保险是养老保险的主体，实行现收现付制。2003年，德国新设立了面向低收入老人的最低养老金制度，使零支柱养老金真正建立以来。德国医疗保障分为法定医疗保险、私人医疗保险、特殊人群医疗保障[①]等部分，以法定医疗保险为主。根据德国法律规定，凡月工资收入在规定标准以下的雇员，必须强制参加法定医疗保险。法定医保服务的范围、项目和内容广泛，参保者及其家庭成员均可享受医保待遇。德国政府规定失业保险是一项强制性的社会保险，要求所有劳动者参加。失业保障的待遇，除了工资补偿（失业补贴、失业救济、短工津贴等）外，还包括就业培训、求职津贴等。德国对家庭收入低于一定标准的贫困者实行最低生活保障，纳入最低生活保障范围的贫困人群分为一般保障对象和特殊保障对象两类，后者获得的保障待遇比前者要高。

---

① 包括公务员医疗补助、警察和军人免费医疗等。

（四）当前英国收入再分配政策概况

1. 英国现行个人直接税制度概况

英国个人所得税的课税对象为个人的各类所得，并采用分类综合课税模式：先将不同来源所得扣除必要费用后进行分类征税——对工资薪金所得以及利息、股息和红利所得实行源泉扣缴，对其他所得实行查实征收；纳税年度结束时，再将全部所得汇总后计算应纳税额，对从源泉扣缴和查实征收环节已纳税款在结算时予以抵扣，多退少补。作为综合课征计税依据的应纳税所得额，其计算方法为：将各种应税所得各自扣除允许扣除的必要费用[①]后进行加总，再按照统一标准扣除生计费用，得到的余额就是应纳税所得额。生计费用扣除也称为税收宽免，具体包括个人宽免、老年人宽免、已婚夫妇宽免、盲人宽免等。综合课税采用三级超额累进税率。英国个税还设置了税收抵免，主要有儿童税收抵免、工作税收抵免和外国税收抵免三种形式。

在英国，个人需要缴纳的经常财产税主要有住宅税、营业房产税和机动车辆税。住宅税的纳税人是住宅的所有者或承租者，计税依据为住宅的价值。当个人有营业用房产时，还要缴纳营业房产税，按照市场租金征税。此外，拥有机动车、飞机、船舶的个人还需要缴纳机动车辆税。

2. 英国现行社会保障制度概况

英国的社会保障制度号称"从摇篮到坟墓"均给予保障，覆盖面广、项目齐全，是福利国家的典型代表。英国社会保障资金的来源主要有三个渠道：一是全国社会保险基金（NIF），国民保险税是其主要收入来源（占95%以上）；二是国民卫生保健基金（NHS），它通过一般税收和国

[①] 允许扣除的必要费用主要是经营费用和社会保障缴款等。

民保险税等渠道筹资，一般税收占 3/4 以上；三是统一基金，资金大部分来源于税收。全国社会保险基金主要用于国家养老金等社会保险金的发放，国民卫生保健基金用于支付医疗卫生费用，而统一基金则用于非缴费型的社会救助与社会福利项目的支出。

英国的养老保障由国家养老金制度、私人养老金制度、公务员养老金制度构成，国家养老金包括基本国家养老金（BSP）与国家第二养老金（S2P），两者均通过国民保险税筹资，采用现收现付制。除了养老保险金外，英国还设立了零支柱的养老金补贴（Pension Credit），分为最低收入保障补贴（或称"保证补贴"）和储蓄补贴两类，申请者需经过家计调查。英国实行全民免费医疗模式，主要通过税收筹集医疗保障资金，并经由国民卫生保健基金拨付资金，向全体国民提供免费或低价的医疗服务。在英国，失业保险是国民保险的组成部分，实行强制参保。英国的最低生活保障制度主要表现为对低收入群体的收入补助政策，这种收入补助政策是根据不同类型人群分类实施的，具体包括：面向失业人员的求职者津贴、面向在职低收入劳动者的工作税收抵免、面向无业低收入者的收入补助金、面向退休低收入老人的养老金补贴、面向残疾人中低收入者的就业与援助津贴等。

二、代表性发展中国家与转轨国家[①]收入再分配政策的基本现状

（一）当前巴西收入再分配政策概况

1. 巴西现行个人直接税制度概况

巴西个人所得税对受雇所得、生产经营所得、专业服务所得与大部分

[①] 以俄罗斯为代表的转轨国家并不属于发达国家，但也不宜视为一般意义上的发展中国家，因此本书将转轨国家单列。

投资所得实行综合课税,采用4级累进税率。另外,对资本利得按15%的单一比例税率征税,对利息所得按4级累退税率[①]征税。计算年综合应税所得额时,经营性支出一般不能扣除,只有某些非经营性支出可以扣除。

巴西个人经常财产税的主要税种包括城市不动产税、农村土地税、不动产转让税、机动车财产税等。其中,城市不动产税按照应税土地和建筑物的评估价值征收,农村土地税按照裸地价值计征,不动产转让税按照转让不动产的价值征税。

2. 巴西现行社会保障制度概况

巴西是西半球较早建立社会保障制度的国家之一。1988年宪法规定,巴西全体国民均享有社会保障的权利,宪法第194条将社会保障的范围界定为养老、医疗与救助三方面,这三者构成了巴西社保体系的"三大支柱"。当前,巴西社会保障涉及全体国民、覆盖面广泛,而且项目比较齐全。巴西社会保障的资金由个人、企业、政府共同承担,主要来源包括社会保险费、一般预算收入等。另外,政府还设立了一些专项基金作为补充资金来源。其中,社会保险费由雇主和雇员分担。

巴西的养老保障由社会养老保险、补充养老金、养老救助金等构成。其中,社会养老保险体系包括公务员养老金体系、私营部门社会养老保险体系、自主从业者社会养老保险。巴西现行的医疗保障体系由全民免费医疗(又称"统一医疗制度")、私人医疗保险、医疗救助构成,全民免费医疗居于主体地位。目前,全民免费医疗覆盖了巴西约90%的人口,其基本运作形式是由政府举办的公立医院和卫生所向巴西公民提供免费的基本医疗服务。巴西1986年颁布的《失业保险法》,规定了获得失业保险金的基本条件。巴西最低生活保障体现在社会救助制度中,巴西政

---

① 此处的累退是从贷款时间长度角度定义的。

府重点针对三类贫困人群实施收入援助：一是特困居民，即人均月收入不足30美元的贫困家庭；二是贫困老年人或失能老年人；三是有残疾人的贫困家庭。对于不在上述范围内的低收入人员，政府通常不给予收入补助，而主要由家庭成员负担或由慈善机构帮助。

(二) 当前印度收入再分配政策概况

1. 印度现行个人直接税制度概况

印度的个人所得税采用综合课税模式，纳入课税范围的所得包括工薪所得、经营或职业所得、财产所得、资本利得和其他所得。上述所得加总后进行本年度和先前年度亏损调整后得到所得总额。从所得总额中减去允许扣除的项目，余额就是应纳税所得额，允许扣除的项目包括个人宽免、经营性支出扣除、非经营性支出扣除[①]三种类型。印度个人所得税实行超额累进税率，免征额和税率级距要根据每年的财政法案进行必要调整后确定。

印度现行的个人经常财产税，以财产净值税的方式征收，名为"财富税"或"富裕税"，是1957—1958财政年度正式开征的。财富税的计税依据是纳税人应税财产总额减去负债后的余额。财富税采用累进税率，根据纳税人财产净值的不同，适用不同税率。财富税设有免征额，只有当财产净值超过免征额时，才需要纳税。

2. 印度现行社会保障制度概况

自独立以来，印度建立了以养老保障与医疗保障为主的社会保障体系。印度社会保障的覆盖面较小，能够享受较好社会保障的主要是城市正规部门的从业人员及其家属，许多社会保障法律仅适用于正规部门职

---

① 非经营性支出扣除包括健康保险支出、医疗支出、按揭贷款利息等。

员而对非正规就业人员无效。此外，印度邦际之间、城乡之间、部门之间的社会保障待遇差距也较为明显。

印度的养老保障体系主要由养老救助计划、社会养老保险、私人养老金计划等构成。社会养老保险包括公务员养老金体系、公共企业养老金体系、私营部门雇员养老保障计划、银行与保险公司养老金计划等，其中，私营部门雇员养老保障计划的覆盖率相对而言最高。印度医疗保障体系的碎片化特征较明显，针对不同群体实行差异化的医保制度。总体而言，目前印度的医疗保障由以下几部分组成：财政支持的全民免费医疗体系、各级政府发起的社会医疗保险体系、各类非政府组织发起的医疗保险计划、私人医疗保险等。全民免费医疗服务的范围主要是公共卫生与基本医疗服务，公立医院是提供免费医疗服务的主体。印度的失业保险主要面向雇员50名以上且已建立3年以上或雇员22—49名且已建立5年以上的企业中的职工。印度采用多种方式为低收入群体提供直接或间接的收入补助，主要包括：对贫困家庭发放优惠卡，贫困居民持这些卡就能够在平价商店中以很低的价格购买到粮食、布匹、煤油等生活必需品，价差由财政补贴；对65岁以上生活贫困的老人给予现金与实物补助，受助老人每月可从政府那里领取到一定金额的老年津贴与免费粮食。

（三）当前俄罗斯收入再分配政策概况

1. 俄罗斯现行个人直接税制度概况

2000年，俄罗斯对联邦税法典进行了较大修订，对个人所得税实行单一比例税率，主体税率是13%。另外，还设置了35%和30%两档补充税率。俄罗斯现行的个人所得税属于综合课税模式，对劳动所得与其他各种应税所得实行综合计征。个人所得税的纳税扣除有两种类型：一是统一扣除，即针对全体或部分纳税人规定一个统一标准的扣除定额；二是专项扣除，包括社会类、财产类与职业技能类三类扣除，采取定额扣除和定率扣除相结合的办法。

在俄罗斯的经常财产税体系中，专门设有个人财产税税目，其征税对象为个人所有的房屋及建筑物、交通运输工具（汽车、摩托车等除外）。对房屋及建筑物采用比例税率，对交通运输工具采用定额税率。

2. 俄罗斯现行社会保障制度概况

二十多年来，俄罗斯的社会保障从原来由政府大包大揽的国家保障型逐步往政府与社会分担的模式转变，建立起以养老保障为重点，覆盖养老、医疗、失业、住房等诸多领域的社会保障体系，社会保障资金由国家、企业与个人共同负担，社保制度设计兼顾公平与效率目标。

俄罗斯养老保障主要由四部分构成：养老救助金、强制性养老保险、补充养老保险、公务员和军人养老金。强制性养老保险是俄罗斯养老保障的主体内容，其筹资来源主要是雇主向国家养老基金的缴费。强制性养老保险金待遇分为基础养老金、个人名义账户养老金、个人积累账户养老金三部分——基础养老金实行定额给付，个人名义账户养老金与积累账户养老金均根据缴费确定。俄罗斯的公共医疗保障依靠医疗保险费、财政拨款等途径筹集资金。从1993年起，俄罗斯开始实行强制医疗保险制度，这是公共医疗保障的支柱。政府规定了强制医保所提供免费医疗服务项目的范围与数量，以及享受免费医疗服务的条件。俄罗斯的失业保障资金主要通过社会保障基金[①]支付，雇主缴费与国家财政拨款是社会保障基金的两大筹资来源。1997年10月俄罗斯国家杜马通过的《俄联邦最低生活保障标准法》，为计算最低生活费提供了法律依据。近年来，针

---

① 社会保障基金除了用于失业保障外，还用于社会救济。

对不同人群的最低生活需求，俄罗斯规定了不同的救济标准，每季度变动贫困线指标。

三、国外收入再分配政策的比较：共性与差异

（一）国外现行个人直接税制度的比较

1. 个人所得税制度比较（见表2-3）

征税范围：世界主要国家个人所得税的征税范围普遍较宽，不仅包括劳动所得，而且涵盖了大部分非劳动所得，征税对象有相当广泛性。在免税所得的规定上，各国也有一些共性，如大部分国家对社会救助金、政府颁发的奖金免于征税。

纳税扣除[①]：各国个人所得税的纳税扣除，大体上可以分为成本费用扣除、基本生计扣除、特定目的扣除三种类型。从扣除的项目设置方面来看，各国在成本费用扣除和基本生计扣除的项目设置上有较大相似性，而在特定目的扣除的项目设置上有一定差异。在扣除方法与标准的具体规定上，不同国家之间的差异更大，以医疗费用扣除为例：日本规定纳税人及其共同生活的家庭成员的医疗费可以在规定限额内据实扣除；土耳其规定纳税人及其配偶与未成年子女的医疗卫生支出，可在纳税人申报收入总额10%的限度内扣除；葡萄牙允许纳税人扣除10%的医疗费，但对有三个孩子以上的家庭可增加扣除额。

---

① 个税纳税扣除中的许多项目只有在综合课税下才有意义，由于国外大部分国家的个税均实行综合课税模式或混合课税模式，因此这里所探讨的纳税扣除，主要是针对综合课税模式或混合课税模式中的综合课税部分而言的。

表 2-3 世界主要国家个人所得税的纳税扣除项目一览

	成本费用扣除	基本生计扣除		特定目的扣除
		纳税人本人的生计扣除	纳税人配偶及抚养者的生计扣除	
美国	各种调整项目	纳税人本人的个人宽免；标准扣除（单身、已婚单独申报者）	纳税人配偶及子女的个人宽免；标准扣除（户主、已婚联合申报者）	绝大多数的分项扣除（如慈善捐赠、某些医疗费用、偶然性损失等）
日本	各种来源所得的分项扣除；社会保障缴款扣除	基础扣除	配偶扣除、抚养扣除	老人扣除、残疾扣除、医疗费扣除、捐赠扣除、灾害损失扣除等
德国	工作成本扣除、经营性费用扣除；社会保障缴款扣除	—	子女抚养扣除	慈善捐赠扣除、首次职业教育费用扣除、保险费扣除等
英国	各种来源所得的分项扣除	个人宽免（纳税人本人）	已婚夫妇宽免	老人宽免、盲人宽免等
法国	工作费用扣除、社会保障缴款扣除	—	子女抚养扣除	教育费用、抵押贷款利息、慈善捐赠等方面的扣除
韩国	经营性费用扣除	纳税人本人的基本扣除	纳税人家庭成员的基本扣除	老人扣除，医疗支出、教育支出、房贷利息支出、捐赠支出等方面的扣除
俄罗斯	—	纳税人本人的统一扣除	纳税人子女的统一扣除	大部分的专项扣除（如教育和医疗支出的扣除、对创造发明者获得酬劳的扣除等）

续表

	成本费用扣除	基本生计扣除		特定目的扣除
		纳税人本人的生计扣除	纳税人配偶及抚养者的生计扣除	
巴西	社会保障缴款扣除	—	抚养扣除	医疗费扣除、教育支出扣除、保险费扣除等
印度	经营性支出扣除、社会保障缴款扣除	纳税人本人的个人宽免	纳税人配偶及子女的个人宽免	慈善捐赠、医疗保险费、按揭贷款利息等方面的扣除

免征额和税收抵免：免征额与税收抵免分别是对应纳税所得额与应纳税额的扣减，两者都能起到减轻税负的作用。综观全球各国个税制度设计，许多国家设置了免征额或税收抵免。设有免征额的代表性国家有德国、法国、巴西、印度等，而设有税收抵免的代表性国家包括美国、日本、英国、匈牙利、韩国等。

税率结构：对实行综合课征的所得，大部分国家采用了累进税率结构，另有约30个国家采用了单一比例税率，有代表性的是俄罗斯、乌克兰等。在实行累进税率的国家中，税率级次为4级的国家数量较多（见表2-4）。总体而言，发达国家的最高边际税率水平要高于发展中国家。而对于实行分类课征的所得，各国普遍以比例税率为主。

表2-4 世界主要国家个人所得税的税率结构（实行单一税国家除外）

国家	税率级次	最高边际税率	国家	税率级次	最高边际税率
美国	7级	39.6%	葡萄牙	8级	46.5%
日本	6级	40%	西班牙	6级	45%
德国	几何累进	45%	韩国	4级	33%
英国	4级	45%	巴西	5级	27.5%
法国	5级	41%	印度	4级	30%

续表

国家	税率级次	最高边际税率	国家	税率级次	最高边际税率
意大利	5级	43%	南非	6级	40%
加拿大	4级	29%	阿根廷	7级	35%
澳大利亚	5级	45%	墨西哥	8级	30%
新西兰	4级	33%	印度尼西亚	4级	30%
芬兰	4级	30%	马来西亚	4级	26%
比利时	5级	50%	土耳其	4级	35%

课税模式：尽管个税课税模式从理论上分为综合课税、分类课税、混合课税三种类型，但在实践中，几乎没有国家完全采用综合课税，比较接近完全意义上综合课税的最典型的国家是美国，而纯粹实行分类征收的国家也较少，主要有苏丹、也门、约旦、黎巴嫩等。大部分国家个税制度是综合计征与分类计征的混合物，区别主要在于混合的程度不同、混合的方式有所差异。例如，在混合方式上，日本、英国采用的是交叉型，大多数北欧国家采用的是并立型，即二元税制，还有一些原法属殖民地国家实行附加税型（李波，2011）。

征缴方法：大部分国家在个人所得税的征缴上，均采用了平时进行源泉扣缴或预定征收，到年终再由纳税人自行申报的制度。

纳税单位：当前，世界各国在个人所得税纳税单位的选择上不尽相同。有的国家以个人为单位征收个税，如英国、日本、加拿大、丹麦等；有的国家则以家庭为单位课征个税，如法国、西班牙、菲律宾等。在某些国家，还允许纳税人自由选择夫妻联合申报或各自单独申报，美国是采取这种做法的代表性国家。

2. 个人经常财产税制度比较

课税模式：发达国家实行一般财产税制度的较多，如美国、加拿大等。但也有一些发达国家实行的是个别财产税，较典型的是日本。而在发展中国家与转轨国家中，既有征收一般财产税的，也有征收个别财产税的——征收一般财产税的代表性国家是印度，而征收个别财产税的代表性国家有巴西、俄罗斯等。征管水平、纳税意识等因素对课税模式选择有重要影响。

计税依据：实行一般财产税的国家，多按照财产的评估价值征税。在实行个别财产税的国家，计税依据[①]存在一定的差异——大多数国家尤其是发达国家按财产的市场价值或评估价值征税，这有助于增强财产税的弹性并促进税负公平；部分国家按财产的年租金征税，这要求有较完备的关于财产租赁的统计数据，新加坡、英国北爱尔兰地区就采用这种方式征税；部分国家按面积征税，其优点是简单易行，但公平性较差。另外，也有一些国家综合选用上述几种计税依据。

税率：国外个人经常财产税在税率上以比例税率为主，但也有少数国家引入累进税率结构，如新加坡与印度。此外，对于机动车辆的征税，定额税率形式较为多见。各国地方政府在税率选择上通常具有较强的自主权，有些国家的中央政府会对税率做出一些限制性的规定，如日本、法国等。

（二）国外现行社会保障制度的比较

1. 社会保障制度总体情况比较

综观世界各国，现行的社会保障制度大致上有三种基本模式：投保资助型模式、福利国家型模式、储蓄保险型模式。投保资助型模式是最早出现的社会保障模式，在德国、日本、美国等国普遍实行，该模式强调权利与义务相关联，公民只有缴纳社会保险费才能享受社会保障待遇；

---

① 这里所说的计税依据主要针对的是不动产。

社会保障经费一般由个人、单位与国家三方共同负担,社会保险基金在参保成员间调剂使用,国家财政对社会保障给予必要的财力支持。实行福利国家型模式的国家主要有英国、加拿大、澳大利亚、北欧国家等,这种模式以高税收、高福利为特点,保障对象范围广泛、保障内容丰富,社会保障支出主要由政府承担,个人所缴纳的社会保险费相对较少。采用储蓄保险型模式的国家很少,代表性国家是新加坡和智利,这种保障模式强调自我保障,个人获得的社会保障待遇主要来源于个人账户的储蓄与积累。

2. 养老保障制度比较

保障模式:国外的养老保障主要有社会保险型、国家福利型、强制储蓄型三种模式。实行社会保险型养老保障的国家数量最多,如美国、日本、德国等,其基本特点是养老金主要通过养老保险缴款筹资,政府给予一定的财政补贴,养老金给付与参保者收入与缴费相关联,但适当向低收入者倾斜。在国家福利型养老保障中,一般税收是养老金最重要的筹资来源,实行该模式的典型国家是新西兰。强制储蓄型养老保障强制雇员、雇主缴纳养老保险费,国家通常不直接投入资金,养老金待遇直接与缴费关联,智利、新加坡等国采用的就是该模式。

覆盖范围:国外养老保障制度的覆盖范围,既与保障模式有关,也同经济发展水平相关。从保障模式来看,国家福利型养老保障的覆盖率最高。而从经济发展水平来看,高收入国家养老保障的覆盖率明显高于中等与低收入国家。

公共养老金结构:在公共养老金上,国外绝大多数国家同时设有零支柱和第一支柱养老金。不过,有少数国家未建立第一支柱但设有第二支柱,如智利等;还有个别国家仅有零支柱而无第一支柱,如新西兰、澳大利亚等。

社会养老保险筹资方式：国外大部分国家在社会养老保险筹资过程中，采用的是雇员、雇主、政府三方分担的模式，区别主要在于分担比例的不同。也有少部分国家，政府在社会养老保险中不承担筹资责任，这些国家主要是实行强制储蓄型养老保障模式的国家。例如，在新加坡，社会养老保险基金仅来源于雇员和雇主的缴费。而在智利，更是单独由雇员个人负担全部的社会养老保险出资。

社会养老保险收支模式：现收现付制、完全积累制与部分积累制是国外社会养老保险基金所采用的三种收支模式。实行现收现付制的国家数量最多，代表性国家有美国、德国、法国等。1995 年，在全世界建有社会养老保险制度的 165 个国家和地区中，有 146 个采用的是现收现付制（吕雪静，2016）；实行完全积累制的国家较少，主要是智利和新加坡；部分积累制在 20 世纪 80 年代首先兴起于一些拉美国家，目前在一些发展中国家得到推行，如韩国等。

社会养老保险金给付条件：综观国外实践，领取社会养老保险金的资格条件，通常包括年龄、居住年限、工作年限、缴费年限等，但不同国家之间的差异较大。以年龄为例，德国为 67 岁、日本为 65 岁、美国为 66 岁、英国为男性 65 岁女性 62.5 岁、韩国为 61 岁。[①]

公共养老金的替代率：各国公共养老金的替代率差异明显，许多发展中国家与转轨国家的替代率要高于发达国家，如印度、土耳其、俄罗斯三国均超过 70%，而英国、日本、美国等国均低于 40%（见图 2-1）。

---

① 均为 2015 年的标准。

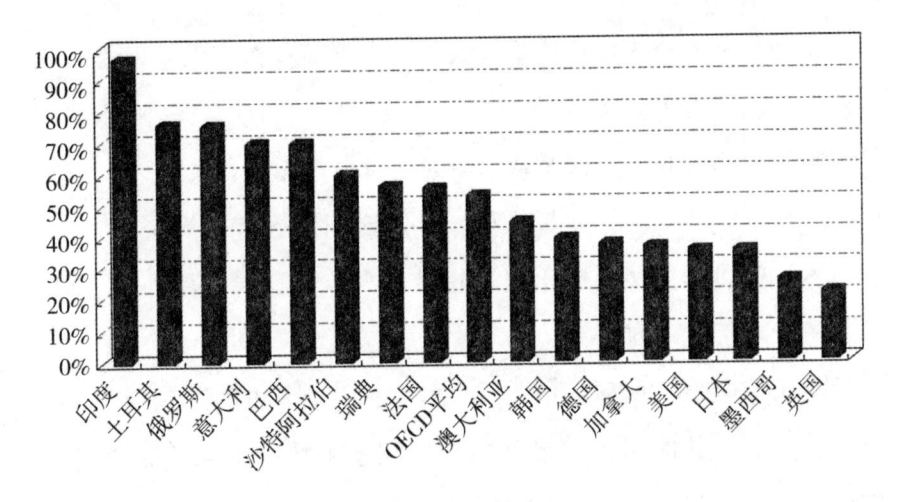

图 2-1 世界主要国家公共养老金的替代率

资料来源：OECD. Pension at a Glance 2015。
注：这里的替代率为平均收入者的替代率。

3. 医疗保障制度比较

保障模式：国外医疗保障模式主要包括国家医疗保障、社会医疗保险、商业医疗保险、储蓄医疗保险四大类。英国和北欧国家等实行国家医疗保障模式，医疗保障资金大部分通过税收途径筹集；日本、德国、韩国等实行的是社会医疗保险模式，雇员和雇主被强制要求缴纳社会医疗保险费，并以此作为医疗保障的主要资金来源；美国是商业医疗保险模式的代表性国家，主要依赖私人医保来支持医疗保障体系；储蓄医疗保险在新加坡、马来西亚等国实行，其特点是自我保障，通过自身逐步储蓄医疗基金以解决患病所需资金。还有不少国家较难归属于上述四类中的某一种，它们所采用的是多元保障模式，如巴西、印度等。

医疗保障筹资方式：医疗保障的资金来源主要有政府税收、社会医保缴款、私人医保缴费、个人自付等。总体来看，实行国家医疗保障模式的国家，税收是最主要的筹资来源；实行社会医疗保险模式的国家，社会医保缴款在筹资中所占比重最大；而实行商业医疗保险模式的国家，私人医保缴费占据筹资的主体地位。将政府税收和社会医保缴款合并称为公共筹资，而将私人医保缴费与个人自付合并称为私人筹资，由图2－2可见，国外医疗保障的公共与私人筹资比例结构有较大跨国差异，德国、日本、瑞典的公共筹资比重均超过80%，而美国、墨西哥、韩国的公共筹资比重都低于60%。

社会医疗保险给付项目：在国外社会医疗保险的实践中，一般将各种治疗性服务、住院服务、辅助性服务和基本药物纳入给付项目范围，但对于非处方药和特殊需求医疗服务等较少列入医保给付范围。发达国家的医保给付面通常宽于发展中国家，发展中国家因医保资金较为短缺等原因，倾向于将一揽子基本医疗服务作为医保的核心给付项目。

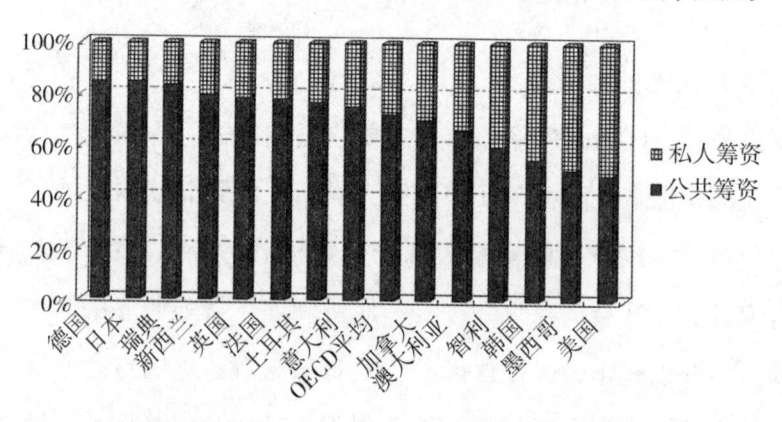

图2－2　OECD主要国家医疗保障的筹资结构

资料来源：OECD Statistics。
注：所有国家均为2015年的数据。

4. 失业保障制度比较

保障模式：国外失业保障在方式上大多以失业保险为主、失业救济为辅。在失业保险上，大部分国家实行的是强制性失业保险，如美国、日本、加拿大、埃及等。但也有一些国家实行非强制性失业保险,较典型的是瑞典、芬兰等国。

覆盖范围:在国外大多数国家,失业保险的覆盖范围仅限于就业人员,有些国家更是仅限于正规部门的就业人员。不少国家还对失业保险覆盖对象的年龄和收入进行了规定,如丹麦和西班牙规定18—65岁的雇员才能获得失业保险金,英国规定周收入高于一定标准的雇员才能享受失业保险。总体而言,经济发展水平越高的国家,失业保障的覆盖范围也越广。

失业保险筹资方式:国外40%以上的国家由雇员、雇主和政府三方分担,这是失业保险的主流筹资方式,采用该方式的国家包括日本、德国、英国、丹麦、加拿大等;美国的大部分州与意大利等国由雇主和政府分担;法国、荷兰、以色列等国由雇员和雇主分担。单独由一方筹资的国家较少,如南斯拉夫完全由雇员负担,加纳完全由雇主负担、而澳大利亚和新西兰则完全由政府负担。

失业保险金的计算方法:各国所采用的计算失业保险金的方法不尽相同。第一种是将失业保险金与失业者失业前的工资水平挂钩,按失业前工资的一定比例计发失业金,如加拿大、巴西等;第二种为失业前工资的一定比例加上一个固定数额,德国、法国就实行这种办法;第三种是按社会平均工资或最低工资标准的一定比例计算失业保险金,波兰等国采用了该方式;第四种是统一发放固定数额的失业保险金,代表性国家是英国;第五种是混合使用上述方法。

5. 最低生活保障制度比较

救助对象的资格条件:国外一般都要通过家计调查来确定申请人领取低保金的资格,只有申请人及其家庭成员的收入和资产不足特定标准时才能获得救助。除了家计调查外,不少国家还引入就业审查机制,未通过就业审查者，将会被降低救助水平甚至剥夺救助资格。

确定最低生活保障标准的方法：国外确定最低生活保障标准的主要方法有市场菜篮子法、恩格尔系数法、国际贫困线法、生活形态法等。各国所选择的方法有所不同，美国按照恩格尔系数法确定低保标准，凡家庭支出中有1/3以上用于购买食物的即被视为贫困家庭；英国、德国、法国等则使用国际贫困线法确定低保标准。

最低生活保障金水平：就OECD国家而言，各国最低生活保障金占中位收入的比重，在单身受助者群体中均低于50%，在夫妇受助者群体中均低于60%。可见，OECD国家最低生活保障金水平普遍低于60%的相对贫困线标准。当然，不同国家的低保金水平仍有较大差异，相对较高的国家主要是丹麦、冰岛、爱尔兰等，而相对较低的国家主要包括智利、美国、拉脱维亚等（见表2-5）。

表2-5 OECD国家最低生活保障金占中位收入比重

单位：%

国家	单身	夫妇	国家	单身	夫妇
澳大利亚	28.3	36.1	韩国	20.9	25.2
奥地利	29.3	30.9	拉脱维亚	11.1	15.7
比利时	40.6	38.3	卢森堡	44.0	46.9
加拿大	21.2	25.5	荷兰	49.4	49.9
智利	5.0	7.0	新西兰	29.1	34.3
捷克	18.9	23.4	挪威	19.3	22.6
丹麦	41.9	59.2	波兰	19.9	30.7
爱沙尼亚	14.7	18.7	葡萄牙	23.4	24.8
芬兰	22.0	26.4	斯洛伐克	18.9	18.3
法国	27.9	29.6	斯洛文尼亚	23.6	25.0
德国	22.3	29.1	西班牙	29.4	27.1

续表

国家	单身	夫妇	国家	单身	夫妇
匈牙利	18.1	12.8	瑞典	19.1	22.1
冰岛	47.3	54.5	瑞士	22.0	23.8
爱尔兰	45.3	53.5	英国	20.6	22.9
以色列	27.1	26.8	美国	6.9	9.0
日本	39.0	17.2	平均值	26.0	28.6

资料来源：OECD Statistics。
注：所有国家均为2014年的数据。

第三节 国外收入再分配政策的主要影响因素

前面两节基于收入再分配规模、收入再分配项目结构、各项收入再分配政策三个方面考察了国外收入再分配政策的演变与现状，我们发现：从纵向的历史维度来看，各国收入再分配体系经历了不同程度的变化。而从横向的跨国维度来看，不同国家收入再分配政策既有共性也有差异。为何各国收入再分配政策会随着时间变迁而发生变化？又是什么原因造成现行收入再分配政策的跨国差异？回答上述两个问题的关键是理解收入再分配政策形成与变革的动因。影响收入再分配政策的因素众多，但最重要的是初次分配收入差距、收入再分配偏好、经济发展水平、财政收入状况、文化价值理念、直接税征管能力、就业水平与结构、人口年龄结构、全球化发展。

一、初次分配收入差距

收入再分配的目的是通过经常转移、降低初次分配的不平等程度，因此，收入再分配政策的选择，与初次分配收入差距状况有密切关系。

为了将可支配收入差距控制在较合理的范围内，通常而言，初次分配差距越大，所要求的再分配规模也越大。在第一节中，我们看到大多数OECD国家的收入再分配规模，自20世纪80年代以来均有不同程度的扩大，这一变化趋势与该时期OECD各国初次分配收入不平等程度的提高（见表2-6）有较大关联性。初次分配基尼系数的上升，在一定程度上促使各国通过扩大再分配规模、加强再分配力度，实现公平收入分配的目标。在国内初次分配收入差距趋于扩大的背景下，再分配规模的扩张也体现出各国政府在改善收入分配、促进社会公平上所做的努力。

表2-6 20世纪80年代以来部分OECD国家初次分配收入差距的变化

国家	初次分配收入基尼系数		国家	初次分配收入基尼系数	
	20世纪80年代	近期		20世纪80年代	近期
加拿大	0.370（1980）	0.440（2013）	挪威	0.351（1986）	0.412（2013）
芬兰	0.387（1986）	0.495（2014）	英国	0.469（1985）	0.527（2013）
德国	0.439（1985）	0.508（2013）	美国	0.436（1984）	0.508（2014）
意大利	0.387（1984）	0.516（2013）	法国	0.470（1984）	0.505（2010）
日本	0.345（1985）	0.488（2012）	墨西哥	0.419（1984）	0.515（2010）

资料来源：OECD Statistics 和 World Income Inequality Database。

注：①基尼系数后面括号中的数字表示年份；②许多OECD国家缺少20世纪80年代的基尼系数数据，故未列入表中。

二、收入再分配偏好

尽管初次分配收入不平等是进行收入再分配的原始动因，但一个国家的再分配政策，并不会完全基于实际的收入分布状况，社会公众对收入分配结果的感知，也会对再分配政策选择产生重大影响。在不同时空中，公众对收入差距的容忍程度与对收入再分配的支持力度（即再分配偏好）是有差异的。再分配偏好直接反映了居民对再分配的主观态度，这种态度将在相当程度上影响再分配政策的制定。经济利益、风险规避、公平信念、声誉理想是决定再分配偏好的四大动机（李清彬，2014），这四大动机决定了人们是支持还是反对再分配以及支持或反对的程度大小。阿尔伯特和安格雷托（2005）就从公平信念角度分析了美国与欧洲国家再分配力度存在较大差异的成因：他们认为，如果一个社会中人们越相信收入水平主要取决于出生和运气而非个人努力程度，那么就会有更强烈的再分配偏好。与欧洲人相比，美国人更坚信财富是个人努力的结果而不主要取决于运气和关系，因此他们不太主张实施过于强烈的再分配政策，避免过高税率、高福利带来的负面激励，这在一定程度上说明了美国再分配力度弱于欧洲国家的原因。

三、经济发展水平

在影响收入再分配政策的各种因素中，经济发展水平是最具基础性的。从历史较长周期考察，经济发展是收入再分配规模变化的最重要动因。个人所得税、社会保障税与个人经常财产税的税源分别是个人的收入与资产，随着经济的增长，个人收入与资产规模不断扩大，使个人所得税、社会保障税与个人经常财产税的税源越来越充裕，进而为个人经常转移支出的规模扩张奠定了坚实的基础。经济发展与居民收入水平提高还会带动养老、医疗需求的增长，这成为个人社会保障转移收入规模趋于扩大的根本原因。收入再分配规模的跨国差异，在一定程度上也缘于经济发展水平上的差异。收入再分配规模较大的国家，往往具有较高的人均GDP。而收入再分配规模较小的国家，大多属于中等收入或低收入国家。以OECD国家为例，收入再分配规模相对较小的几个国家，如韩国、智利、土耳其、墨西哥等，人均GDP也相对较低。此外，对于再分配项目结构与各项再分配政策的历史演变和国别差异，也可以由经济发展水平因素加以解释。经济发展水平越高，公众对社会保障需求的种类越多，满足多样化社保需求的资金来源也越充裕，从而促进社会保障项目变得更加丰富。至于各项收入再分配政策的设计，也受到经济发展水平的深刻影响。特别是社会保障制度的覆盖率和待遇给付标准，往往与经济发展水平呈正相关关系。

四、财政收入状况

财政收入状况影响的是收入再分配中的个人经常转移收入部分。虽然个人经常转移收入的资金来源包括财政投入、保险缴款、慈善捐赠等多种渠道，但财政投入在个人经常转移收入中占有较高比重，特别是社会救助与社会福利转移收入基本上依赖于一般税收提供资金。在实行福利国家型社保模式的国家，财政投入更是居民经常转移收入的主要筹资来源。基于长期视角观察可以发现，各国个人经常转移收入规模趋于扩大的趋势，与财政收入水平提高的变化趋势[①]是基本吻合的。财政收入实力的增强，为居民经常转移收入的增长提供了财力保障。此外，个人经常转移收入规模的国别差异，也可以通过财政收入因素获得一些解释，两者之间有一定的相关性；在实行福利国家型社会保障模式的国家中，这种相关性更为明显。

五、文化价值观

制度安排背后的文化诱因长期以来是经济学界所关注的一个重要问题。收入再分配政策并非简单的调节收入差距的经济手段和工具，其形成与演变的过程，蕴含着丰富的文化价值理念因素，为一定的文化价值

[①] 从 OECD 国家平均值来看，税收占 GDP 的比重，从 1965 年的 24.8% 上升至 2015 年的 34.3%。

观所引导。美国的核心文化价值观是崇尚自由、认同与强调个人奋斗，将依赖政府保障看作可耻的行为。受到这种理念的影响，美国个人直接税的累进性并不高，在社会保障上重视社保类保险尤其是私人保险的作用，社会福利项目相对较少。在英国、北欧等福利国家中，国民深受平等价值观的影响，尤其是北欧国家不仅仅局限于"机会的平等"，还十分强调"结果的平等"。因此，福利国家的社会保障开支绝大部分由国家财政负担，社会保障项目种类多且标准较高。东亚国家特别重视家庭作用，"家本位"价值观根深蒂固，家族和亲朋关系的密切程度远甚于西方国家，所以，家庭保障与社会保障的高度融合发展、低税负与低福利相结合①，成为东亚国家社会保障体系有别于欧美国家的鲜明特征。

六、直接税征管能力

个人所得税与个人经常财产税对居民收入差距的调节作用，不仅取决于税制要素设计，还与税收征管能力有密切关系。如果税收征管能力无法与特定的税制相匹配，即使这种税制在名义上具有良好的累进性与再分配功能，在现实中也会由于征管成本过高或税收流失严重而导致实际再分配效应的弱化。因此，各国在设计个人所得税与财产税制的过程中，通常会考虑现阶段的税收征管能力，并在此基础上做出合适的选择。21世纪后，许多转轨国家在个人所得税上实施了单一税改革，在相当程度上就是考虑实际征管能力后做出的选择。与发达国家相比，以俄罗斯为代表的转轨国家的个税征管水平较低，累进综合税制的实际运行效果并不佳，税收流失较为严重。实行单一税，一方面降低了税务机关的征管难度，另一方面增强了纳税人的遵从度，这有助于克服转轨国家在个

---

① 低税负与低福利主要针对的是除日本之外的东亚新兴经济体。

税征管能力方面的不足。因此,单一税改革可视为在征管水平约束条件下的税制改革决策,其目的是建立与征管能力更加协调的个人所得税制度框架。财产税课税模式与计税依据的选择也深受征管能力的影响。一般而言,征管能力越强的国家,越有可能采用一般财产税的课税模式并以市场价或评估价为计税依据。

七、就业水平与结构

一国的失业率直接影响到该国的失业保障与最低生活保障政策,当失业率上升时,失业金与最低生活保障金的支出将趋于扩张,这两类社会保障项目的相对地位也会提高。另外,一国的就业结构,特别是正规就业与非正规就业的比例,也是收入再分配政策选择所不可忽略的影响因素。

首先,非正规就业及其相对规模关系到个人直接税制度的设计。非正规就业部门具有隐蔽性、灵活性特征,相比正规就业部门而言,税务机关对其所得与财产进行税源监管的难度更大、成本更高;同时,非正规就业部门在市场竞争能力上又弱于正规就业部门。因此,在设计个人直接税征税范围、计税依据、课税模式、税收优惠、征税方式等税制要素的过程中,就不得不考虑非正规就业部门的上述特点。其次,非正规就业比重大小还会对社会保障制度的选择产生重大影响。大规模非正规就业的存在,加剧了一体化社会保障体系建设的困难,从国外实践中可以看到,在非正规就业人员规模庞大的拉美国家、南亚国家等,社会保障往往呈现较明显的碎片化特点。此外,由于非正规就业主导劳动力市场的局面使得通过缴费型社会保险转移支付进行再分配变得困难(拉丁美洲开发银行,2013),非缴费型社会保障项目在非正规就业比重较高的国家受到格外重视并获得快速发展。

八、人口年龄结构

人口老龄化意味着更多的人口退出劳动力市场，这使得个人所得税的税基萎缩（龚锋、余锦亮，2015）；同时，随着老年人口占比的上升，养老保障与医疗保障规模将趋于扩张，上述变化会导致经常转移支出与经常转移收入间的比例发生变动——前者占比下降而后者占比提高。受人口年龄结构影响最大的是社会保障中的养老保障，老龄化水平提高带来的养老金财务压力迫使不少国家从原来的现收现付制转向基金积累制，并对给付机制做出适当的调整以缓解收支矛盾。除了养老保障外，医疗保障、最低生活保障等社会保障项目的制度设计，也在不同程度上受到人口老龄化的影响。

九、全球化发展

全球化发展对收入再分配体系的影响主要表现为不同国家收入再分配政策的趋同化现象。对于这种现象，可以从两方面来解释。一是制度模仿与学习效应带来的结果。从时空角度看，某项收入再分配政策的最初形成，往往发端于个别国家，然后再逐步扩散推广到其他国家。先行建立制度的国家起着示范作用，而后建立制度的国家通常会参考借鉴先行国家的相关经验，从而使得不同国家的收入再分配政策出现一定的共性特征。二是为了保持制度全球竞争力所做出的选择。个人直接税与社会保障政策是影响劳动、资本等生产要素收益水平的重要因素，在经济全球化背景下，为了增强本国对生产要素的吸引力，各国均努力使本国税收—福利相比其他国家更有竞争力，在此情况下，他国再分配政策的选择就成为本国再分配政策决策的一个内生变量。

第三章

国外收入再分配政策调节居民收入差距的效果及其比较

在收入初次分配的基础上实行再分配是为了缩小收入差距、增进社会公平。国外的收入再分配政策，在调节居民收入差距上取得了怎样的成效？在多大程度上降低了收入的不平等程度？不同国家收入再分配政策效果又存在多大差异？本章拟通过实证分析，从缩小整体收入差距、提高低收入者收入、调节高收入者收入、控制收入两极分化四个维度来回答上述问题。

第一节 衡量指标、分析方法和数据来源

一、衡量居民收入差距的指标体系

要研究收入再分配政策调节居民收入差距的效果，首先需确定选用何种指标来衡量居民收入的不平等状况。测度居民收入不平等的指标众多，本书选取其中的一些常用指标并将其划分为四种类型（见表3-1），它们分别从四个不同的维度揭示居民收入差距状况。

表 3-1 度量居民收入不平等的指标分类

指标类型	指标名称	符号	说明
整体收入差距	基尼系数	G	—
低收入群体的相对收入状况	相对贫困率（下文简称贫困率）	POV	通常按中位收入的 60% 或 50% 确定贫困线
	贫困人口的相对收入水平	PI	贫困人口的平均收入/全部人口的平均收入
高收入群体的相对收入状况	高收入群体的收入份额	SH	10% 收入最高人口的收入份额
	高收入群体的相对收入水平	HI	10% 收入最高人口的平均收入/全部人口的平均收入
收入两极分化程度	收入不良指数	OSM	20% 收入最高人口的收入份额/20% 收入最低人口的收入份额
	帕尔玛比值	PAL	10% 收入最高人口的总收入/40% 低收入人口的总收入

二、调节居民收入差距效果的分析方法

（一）总体分析的方法

要定量分析整个收入再分配政策调节居民收入差距的效果，首先可以观测收入再分配政策（住户部门经常转移）前后居民收入不平等指标数值的变化。令 M_k 表示某种收入不平等指标，将全部经常转移（设为 TR）给 M_k 带来的变化率称为对 M_k 的改善度，并用符号 IM_{Mk_TR} 来表

示①，则 $IM_{Mk\_TR} = \pm (M_{kITR} - M_{kI0})/M_{kI0}$②，其中，$M_{kITR}$ 与 M_{kI0} 的下标 ITR 和 I_0 分别表示可支配收入和初次分配收入。IM_{Mk_TR} 的数值能够反映收入再分配政策调节初次分配收入差距的力度大小。

收入再分配政策的主要目标是降低初次分配收入的不平等程度，使可支配收入差距保持在较为合理的范围之内。因此，评价整个收入再分配政策调节居民收入差距的效果，除了考察其作用的力度大小外，还应观测通过全部经常转移的调节后，最终可支配收入的不平等指标值是否降低到了合理水平。在表 3–1 中所列示的指标中，基尼系数和收入不良指数有国际公认的合理性评价标准（见表 3–2），但对于其他指标，目前尚无具有共识性的量化评判依据。

表 3–2　基尼系数和收入不良指数指标值合理性的国际评价标准

基尼系数		收入不良指数	
指标数值范围	合理性判断	指标数值范围	合理性判断
高于 0.5	收入差距悬殊	高于 15	收入差距悬殊
0.4—0.5	收入差距较大	12—15	收入差距过大
0.3—0.4	收入差距较合理	9—12	收入差距偏大
0.2—0.3	收入分配较平均	6—9	收入差距较合理
低于 0.2	收入高度平均	3—6	收入分配较平均
		低于 3	收入高度平均

在评价整个收入再分配政策调节居民收入差距的成效时，需要综合考虑收入不平等改善度与可支配收入不平等程度两方面的因素，而不能只以其中的某一种指标作为判断依据。

---

① *IM* 表示收入不平等的改善度，对于下标 *Mk_TR*，*Mk* 说明收入不平等的改善是针对 *Mk* 指标而言的，而 *TR* 说明收入不平等的改善是由全部经常转移带来的。
② 对该式中 ± 的说明：当 M_k 为正向指标（指标值越大，居民收入不平等程度越低）时，取 +；而当 M_k 为负向指标（指标值越小，居民收入不平等程度越低）时，取 –。

>>> 第三章 国外收入再分配政策调节居民收入差距的效果及其比较

一方面,考察可支配收入的不平等指标值,有助于克服单纯依靠收入不平等改善度进行评价的局限性。具体而言:第一,在收入不平等改善度相同或接近的情况下,通过比较可支配收入的不平等指标值,可进一步判断再分配效果的相对优劣。例如,甲、乙两国收入再分配政策对基尼系数的改善度相同均是20%,而两国的可支配收入基尼系数分别为0.42和0.35。如果仅依据基尼系数改善度就无法进行相对优劣比较,但结合可支配收入基尼系数,就可以得到乙国收入再分配成效优于甲国的结论。第二,在仅使用收入不平等改善度指标加以评价时,容易使人片面认为改善度数值越大再分配政策就越有效,事实上并不完全如此。举例来说,假设 A、B、C 三国收入再分配政策对基尼系数的改善度分别为10%、15%和50%,而且经过全部经常转移的调整后,三国可支配收入的基尼系数分别为0.37、0.43和0.21。尽管 A 国再分配力度较小,却已将最终收入差距缩小到比较合理的范围内;B 国的再分配力度略大于 A 国,但可支配收入差距依然较大;至于 C 国,虽然调节收入分配的力度最强,然而剧烈的再分配可能会给经济效率带来较大负面影响。可见,我们不能盲目断言 C 国的收入再分配成效就一定比 B 国更好,而 B 国又一定比 A 国更好。

另一方面,使用收入不平等改善度指标,能较好地揭示再分配政策降低收入不平等的程度,从而防止单纯以可支配收入不平等指标值作为评价依据时可能陷入的唯"结果论"。例如,X、Y 两国经过再分配调节后的可支配收入不良指数分别是8与10,同时,两国收入再分配政策对收入不良指数的改善度分别为5%和35%。仅从结果来看,Y 国可支配收入差距仍偏大,其控制收入两极分化的最终成绩确实不如 X 国。但如果由此轻易断言 X 国收入再分配政策绩效优于 Y 国,就忽视了 Y 国初次分配收入两极分化程度远远高于 X 国的事实[①]，也容易抹杀 Y 国在控制收入两极分化上做出的巨大努力和贡献。

（二）分项分析的方法

除了考察整个收入再分配政策即全部经常转移调节居民收入差距的效果外，还可以进一步分析各种再分配工具即不同类型经常转移对降低收入不平等的影响。在分项分析中，因测算基点上的差异，可采用三种不同的方法：第一种方法是完全以初次分配收入不平等指标值作为测算的基点，具体公式为 $IM_{Mk\_TRi} = \pm (M_{kITRi} - M_{kI0})/M_{kI0}$，其中，$M_{kITRi}$ 的下标 $ITRi$ 表示初次分配收入加上经常转移 TRi 后得到的收入，这种方法的优点是具有很好的可比性——能直接比较各类经常转移改善收入不平等的程度。第二种方法是部分以初次分配收入不平等指标值作为测算的基点，该方法稍显复杂，下面将会详细说明。假设全部经常转移划分为 n 种类型，分别用 TR_1、TR_2……TR_n 表示，初次分配收入依次通过 TR_1、TR_2……TR_n 的调整得到可支配收入。各口径收入与各类经常转移的关系为 $I_1 = I_0 + TR_1$，$I_2 = I_1 + TR_2$，……$I_n = I_{n-1} + TR_n$，I_n 就是可支配收入（$I_n = ITR$）。分解 IM_{Mk_TR} 的计算公式可得到：$IM_{Mk\_TR} = \pm (M_{kI1} - M_{kI0})/M_{kI0} \pm (M_{kI2} - M_{kI1})/M_{kI0} \pm \cdots \pm (M_{kIn} - M_{kIn-1})/M_{kI0}$，即 $IM_{Mk\_TR} = \pm \sum_{j=1}^{n} (M_{kIj} - M_{kIj-1})/M_{kI0}$，由该式就能考察 n 类经常转移在缩小收入差距上的效果。可见，第二种方法在测算收入不平等程度变化的绝对值时，是以某类经常转移前收入口径的收入不平等指标值为基点的；而在测算收入不平等程度的变化率时，则仍以初次分配收入不平等指标

[①] X、Y 两国初次分配收入不良指数分别为 8.42（位于收入差距较合理区间）和 15.38（位于收入差距悬殊区间）。

值为基点（分母）。相比第一种方法，第二种方法的优点在于使各类经常转移的再分配效应具有可加性——即各类经常转移对收入不平等改善度的合计数，就等于全部经常转移对收入不平等的改善度，这样就便于计算各种再分配工具对缩小收入差距的贡献度。不过，因计算收入不平等程度变化绝对值时的基点不同，导致由第二种方法测算出的各类经常转移再分配效果不完全直接可比。第三种方法则完全以某类经常转移前收入口径的收入不平等指标值为测算基点，用公式表示为 $IM_{Mk\_TRj} = \pm(Mk_{lj} - Mk_{lj-1})/Mk_{lj-1}$，使用该方法得到的各类经常转移的再分配效应，直接可比性相对较差，并且不具有可加性。在上述三种测算方法中，第一种方法无须考虑各类经常转移的顺序①问题，而后两种方法均涉及各类经常转移的先后次序。各类经常转移的次序安排不同，得到的再分配效应测算结果也会有所差异，这是在具体计算中需引起注意的地方。只要能获得数据支持，本书在分项分析中优先选用第一种方法，第二种方法作为辅助使用，除特殊情况外一般不采用第三种方法。

至于经常转移的类型划分，基于定量分析目的设为如下两个层次：第一层次包括经常转移收入和经常转移支出；而在第二层次，经常转移收入包括养老金收入、审查性转移收入（Means–Tested Benefits）与非审查性转移收入（Non–Means–Tested Benefits），经常转移支出包括社会保险缴款和个人直接税。第二层次的类型划分与第一章所提出的分类方式有一定的差异，这主要是考虑到原始数据的可获得性。

三、测算所用原始数据的来源

测算收入再分配政策调节居民收入差距效果所使用的原始数据，来

---

① 即从初次分配收入转变为可支配收入过程中，加减各类经常转移时的顺序安排。

源于以下几个渠道：OECD 统计数据库、EUROMODE 数据库（G3.0+版本）、卢森堡收入研究数据库（LIS）、世界收入不平等数据库（WIID 3.4 版本）、欧洲统计数据库（Eurostat）等。在以上数据库中，从提供有效原始数据的角度看，OECD 统计数据库所包含的国家数量是最多的；EUROMODE 数据库提供了欧盟各国按收入十等分组的家庭月人均收入数据，能够较好支持运用第一种方法测算各类经常转移的再分配效果。因此我们所用的大部分数据主要从以上两个途径进行采集和加工。至于使用后几种渠道的数据，主要目的是弥补 OECD 统计数据库和 EUROMODE 数据库在某些指标上的缺失以及补充分析以上两个数据库未能覆盖的部分主要中等收入国家（如印度、巴西等）。

第二节 缩小整体收入差距的效果

一、全部经常转移缩小整体收入差距的效果

在我们所考察的 42 个国家中，除了韩国、冰岛、瑞士、印度尼西亚外，其余国家的初次分配收入基尼系数均大于 0.4，高于国际警戒线水平，其中还有 15 个国家超过了 0.5，处于收入差距悬殊状态。经过收入再分配政策的调节后，各国整体收入不平等程度都有所下降：在初次分配收入基尼系数超过 0.4 的 38 个国家中，通过收入再分配政策对居民收入的调节，有 18 个国家的收入差距降至较合理区间[①]，有 14 个国家实现了较平均的收

---

① 即可支配收入基尼系数在 0.3—0.4 范围内。

入分配[1]；收入差距仍处于较大或悬殊状态[2]的国家有 6 个，它们大部分是中等收入国家，这些国家全部经常转移对基尼系数的改善度均小于 20%。韩国与印度尼西亚的收入再分配力度较小，但因两国初次分配收入不平等程度本来就较低，因此再分配后的收入差距自然还是处于较合理区间。

收入再分配对基尼系数的改善度在不同国家之间有较大差异：从总体来看，高收入国家的改善度要大于中等收入国家（见表 3-3）。而在高收入国家中，发达国家的改善度又要大于非发达国家。就各个国家进行比较，芬兰收入再分配对基尼系数的改善度最大，高达 48.08%；最小的是印度尼西亚，全部经常转移仅使基尼系数降低了 1.02 个百分点。

表 3-3 世界各国收入再分配前后的基尼系数变化

指标 国家	初次分配收入基尼系数 数值	收入差距状况	可支配收入基尼系数 数值	收入差距状况	全部经常转移对基尼系数的改善度（%）
高收入国家组（发达国家）					
芬兰	0.495	较大	0.257	较平均	48.08
爱尔兰	0.575	悬殊	0.309	较合理	46.26
比利时	0.494	较大	0.268	较平均	45.75
奥地利	0.497	较大	0.280	较平均	43.66
丹麦	0.442	较大	0.254	较平均	42.53
德国	0.508	悬殊	0.292	较平均	42.52
卢森堡	0.483	较大	0.281	较平均	41.82
法国	0.504	悬殊	0.294	较平均	41.67
希腊	0.571	悬殊	0.343	较合理	39.93
挪威	0.412	较大	0.252	较平均	38.83

---

[1] 即可支配收入基尼系数在 0.2—0.3 范围内。
[2] 即可支配收入基尼系数大于 0.4。

续表

国家 \ 指标	初次分配收入基尼系数 数值	初次分配收入基尼系数 收入差距状况	可支配收入基尼系数 数值	可支配收入基尼系数 收入差距状况	全部经常转移对基尼系数的改善度（%）
高收入国家组（发达国家）					
葡萄牙	0.556	悬殊	0.342	较合理	38.49
意大利	0.516	悬殊	0.325	较合理	37.02
冰岛	0.386	较合理	0.244	较平均	36.79
瑞典	0.443	较大	0.281	较平均	36.57
荷兰	0.440	较大	0.283	较平均	35.68
西班牙	0.526	悬殊	0.346	较合理	34.22
日本	0.488	较大	0.330	较合理	32.38
英国	0.527	悬殊	0.358	较合理	32.07
澳大利亚	0.483	较大	0.337	较合理	30.23
新西兰	0.461	较大	0.333	较合理	27.77
加拿大	0.440	较大	0.322	较合理	26.82
瑞士	0.387	较合理	0.295	较平均	23.77
美国	0.508	悬殊	0.394	较合理	22.44
平均	0.484		0.305		36.75
高收入国家组（非发达国家）					
斯洛文尼亚	0.467	较大	0.255	较平均	45.40
捷克	0.463	较大	0.262	较平均	43.41
斯洛伐克	0.429	较大	0.269	较平均	37.30
匈牙利	0.455	较大	0.288	较平均	36.70
波兰	0.465	较大	0.300	较合理	35.48
立陶宛	0.512	悬殊	0.353	较合理	31.05
爱沙尼亚	0.513	悬殊	0.361	较合理	29.63
拉脱维亚	0.500	悬殊	0.352	较合理	29.60
以色列	0.455	较大	0.365	较合理	19.78

续表

国家＼指标	初次分配收入基尼系数 数值	初次分配收入基尼系数 收入差距状况	可支配收入基尼系数 数值	可支配收入基尼系数 收入差距状况	全部经常转移对基尼系数的改善度（%）
高收入国家组（非发达国家）					
俄罗斯	0.481	较大	0.393	较合理	18.30
韩国	0.341	较合理	0.302	较合理	11.44
阿根廷	0.489	较大	0.447	较大	8.59
智利	0.498	较大	0.465	较大	6.63
平均	0.467		0.339		27.18
中等收入国家组					
巴西	0.570	悬殊	0.460	较大	19.30
南非	0.630	悬殊	0.520	悬殊	17.46
印度	0.540	悬殊	0.480	较大	11.11
土耳其	0.418	较大	0.393	较合理	5.98
墨西哥	0.478	较大	0.459	较大	3.97
印度尼西亚	0.394	较合理	0.390	较合理	1.02
平均	0.505		0.450		9.81

资料来源：根据 OECD Statistics、Luxembourg Income Study Database 和 World Income Inequality Database 中的相关数据计算。

注：①巴西、南非、印度的数据来自于 LIS 数据库，阿根廷、印度尼西亚的数据来自于 WIID 数据库，其余国家的数据均来自于 OECD 统计数据库；②阿根廷为 2009 年数据，俄罗斯、印度为 2010 年数据，日本、新西兰、南非、印度尼西亚为 2012 年数据，芬兰、匈牙利、荷兰、澳大利亚、美国、以色列、韩国、墨西哥为 2014 年数据，其他国家均为 2013 年数据。

二、各类经常转移缩小整体收入差距的效果

比较国外经常转移收入和经常转移支出对基尼系数的改善度可以发现，前者在降低基尼系数上的贡献度要远远高于后者（见图 3-1）。但不同国家之间在贡献度的结构上仍有一定差异：瑞士、波兰和巴西收入再分配政策带来的基尼系数下降，超过 90% 归功于经常转移收入；以色

列经常转移收入在降低基尼系数上的贡献度相对较低,但也在50%以上。

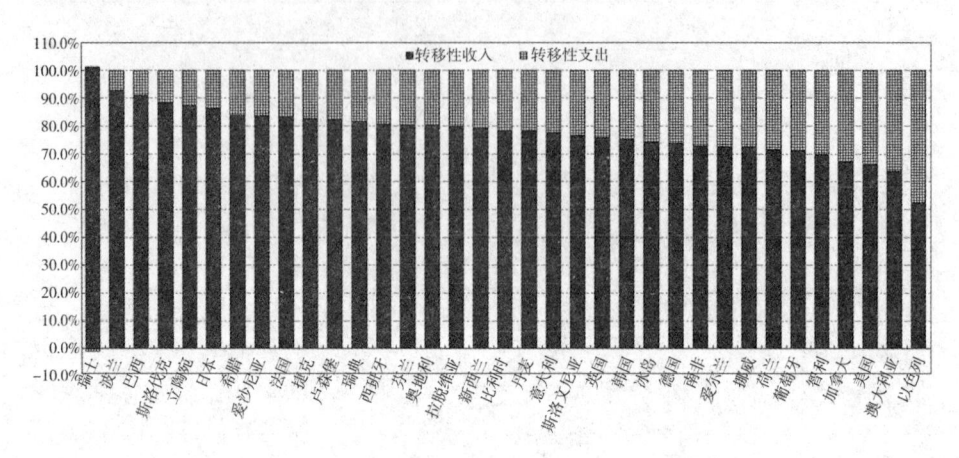

图3-1　各国经常转移收入和支出对改善基尼系数的贡献度

资料来源:根据 OECD Statistics 和 Luxembourg Income Study Database 中的相关数据计算。

注:①在计算贡献度时,两大类经常转移的顺序安排是先经常转移收入后经常转移支出;②巴西、韩国、南非三国根据 LIS 数据库中的相关数据计算,其余国家根据 OECD 统计数据库中的相关数据计算,因此结果可能不完全可比;③日本、新西兰、韩国、南非为2012年数据,芬兰、荷兰、美国、澳大利亚、以色列为2014年数据,其他国家均为2013年数据。

根据欧盟28国的测算结果(见表3-4),平均而言,五类经常转移收支项目对基尼系数的改善度,从大到小排列依次为养老金收入、审查性转移收入、个人直接税、非审查性转移收入、社会保险缴款。具体到各个国家,对降低基尼系数作用最显著的经常转移收支项目,在22个国家中是养老金收入,在4个国家(爱尔兰、法国、荷兰、英国)中是审查性转移收入,在两个国家(卢森堡、葡萄牙)中是个人直接税。可见,养老金收入是最为重要的降低整体收入不平等的经常转移项目。另外值得注意的是,在大部分欧盟国家,社会保险缴款反而使基尼系数进一步扩大,仅有爱尔兰、罗马尼亚、葡萄牙和英国四个国家的社会保险缴款起到了微弱地缩小整体收入差距的作用。个人直接税在绝大多数欧盟国家促进了基尼系数的缩小,但在丹麦、匈牙利、波兰和保加利亚四国中,个人直接税却产生了逆向调节作用。

表3-4 欧盟国家五类经常转移收支项目对基尼系数的改善度

单位:%

类型 国家	养老金收入	审查性转移收入	非审查性转移收入	社会保险缴款	个人直接税
爱尔兰	4.20	21.93	8.39	0.33	6.46
爱沙尼亚	20.94	1.39	1.79	-0.22	1.85
奥地利	10.74	6.54	6.49	-3.27	10.44
保加利亚	16.20	3.93	1.34	-1.02	-0.18
比利时	18.65	5.19	5.71	-0.57	9.19
波兰	15.93	2.91	2.18	-4.22	-0.20
丹麦	17.73	7.10	6.22	-1.60	-11.05
德国	13.79	6.83	2.90	-5.24	9.88
法国	8.29	8.37	4.25	-2.07	7.37
芬兰	18.58	8.46	5.19	-0.40	1.33
荷兰	10.02	10.69	5.92	-8.29	7.27
捷克	23.85	4.07	3.17	-1.68	4.78
克罗地亚	16.72	4.47	2.04	-1.00	4.77
拉脱维亚	15.85	1.46	2.08	-0.18	2.00
立陶宛	19.28	3.12	1.64	-0.52	2.10
卢森堡	6.86	9.46	11.20	-2.41	17.56
罗马尼亚	11.52	5.39	1.59	0.83	2.30
马耳他	14.84	7.57	0.46	-2.44	5.94
葡萄牙	8.57	4.57	3.08	0.12	13.97
瑞典	16.34	3.87	8.75	-1.56	0.49
塞浦路斯	7.33	5.58	1.29	-1.35	8.83
斯洛伐克	18.10	4.44	4.48	-3.54	3.79
斯洛文尼亚	13.90	6.14	5.48	-1.44	6.36

续表

类型\国家	养老金收入	审查性转移收入	非审查性转移收入	社会保险缴款	个人直接税
西班牙	9.98	9.13	4.17	-2.34	9.41
希腊	8.53	4.16	1.91	-5.55	7.36
匈牙利	15.76	2.58	9.51	-4.12	-4.65
意大利	13.21	3.25	0.12	-0.55	7.99
英国	9.17	13.84	6.07	0.67	2.49
平均	13.75	6.30	4.19	-1.92	4.92

资料来源：根据 EUROMOD Statistics 中的相关数据计算。

注：①由于 EUROMOD 数据库未直接提供初次分配收入分别加上各类经常转移收支的基尼系数值，因此我们通过该数据库中各国按收入十等分组的家庭月人均收入数据，运用梯形面积法近似计算相应的基尼系数值，并在此基础上测算五类经常转移收支项目各自对基尼系数的改善度；②立陶宛、卢森堡、罗马尼亚、马耳他、斯洛文尼亚、匈牙利六国是2014年数据，其他国家均为2015年数据。

第三节 "提低"（提高低收入者收入）的效果

由于本书主要关注低收入者中的（相对）贫困者，因此对"提低"效果的研究，集中在减少贫困率和提升贫困者相对收入方面，根据原始数据的可获得性并考虑不同来源数据间的可比性，本书所选取的与贫困相关的两个指标，是按中位收入的60%为贫困线标准的。与基尼系数不同的是，对于贫困率和贫困人口相对收入指标，国际上并无公认的对指标值大小进行价值判断的标准。因此，我们在专家调查和问卷调研（以前者为主）的基础上，提出如表3-5所示的评价标准。

表 3-5 贫困率和贫困人口相对收入指标值合理性的评价标准

贫困率		贫困人口相对收入	
指标数值范围	合理性判断	指标数值范围	合理性判断
40%以上	极高	小于 0.1	极低
30%—40%	较高	0.1—0.2	低
20%—30%	一般	0.2—0.3	较低
10%—20%	较低	0.3—0.4	适度
10%以下	很低	0.4—0.5	较高
		0.5 以上	很高

注：以中位收入的 60% 为贫困线。

一、全部经常转移的"提低"效果

在 OECD 国家中，从初次分配收入的贫困率来看，有 21 个国家处于较高水平，还有 6 个国家处于极高水平。收入再分配政策对降低贫困率的作用在绝大多数国家比较明显，平均而言，经过全部经常转移后，贫困率从原来的 32.9% 降低到 18.2%，降幅约 44.7%。在可支配收入贫困率指标上，OECD 国家无一处于较高或极高状态，有 23 个国家将贫困率控制在较低水平（见表 3-6）。

表 3-6 OECD 国家收入再分配前后的贫困率变化

国家\指标	初次分配收入贫困率		可支配收入贫困率		全部经常转移对贫困率的改善度（%）
	数值	贫困率状况	数值	贫困率状况	
法国	0.401	极高	0.143	较低	64.34
捷克	0.325	较高	0.117	较低	64.00
爱尔兰	0.438	极高	0.159	较低	63.70
芬兰	0.366	较高	0.142	较低	61.20
匈牙利	0.412	极高	0.163	较低	60.44
奥地利	0.353	较高	0.142	较低	59.77

续表

指标 国家	初次分配收入贫困率 数值	初次分配收入贫困率 贫困率状况	可支配收入贫困率 数值	可支配收入贫困率 贫困率状况	全部经常转移对贫困率的改善度（%）
卢森堡	0.371	较高	0.157	较低	57.68
德国	0.361	较高	0.153	较低	57.62
丹麦	0.273	一般	0.120	较低	56.04
斯洛伐克	0.308	较高	0.136	较低	55.84
斯洛文尼亚	0.343	较高	0.155	较低	54.81
冰岛	0.227	一般	0.104	较低	54.19
葡萄牙	0.410	极高	0.198	较低	51.71
荷兰	0.308	较高	0.151	较低	50.97
比利时	0.365	较高	0.179	较低	50.96
挪威	0.276	一般	0.137	较低	50.36
希腊	0.416	极高	0.207	一般	50.24
英国	0.343	较高	0.172	较低	49.85
意大利	0.378	较高	0.197	较低	47.88
波兰	0.330	较高	0.173	较低	47.58
西班牙	0.429	极高	0.227	一般	47.09
立陶宛	0.373	较高	0.200	一般	46.38
瑞典	0.301	较高	0.165	较低	45.18
日本	0.366	较高	0.219	一般	40.16
拉脱维亚	0.347	较高	0.219	一般	36.89
爱沙尼亚	0.371	较高	0.239	一般	35.58
加拿大	0.306	较高	0.201	一般	34.31
俄罗斯	0.324	较高	0.216	一般	33.33
澳大利亚	0.304	较高	0.205	一般	32.57
新西兰	0.277	一般	0.191	较低	31.05
美国	0.317	较高	0.242	一般	23.66

续表

指标 国家	初次分配收入贫困率 数值	初次分配收入贫困率 贫困率状况	可支配收入贫困率 数值	可支配收入贫困率 贫困率状况	全部经常转移对贫困率的改善度（%）
瑞士	0.188	较低	0.146	较低	22.34
以色列	0.291	一般	0.251	一般	13.75
墨西哥	0.269	一般	0.237	一般	11.90
韩国	0.213	一般	0.198	较低	7.04
土耳其	0.264	一般	0.247	一般	6.44
智利	0.246	一般	0.238	一般	3.25
平均	0.329		0.182		44.68

资料来源：根据OECD Statistics中的相关数据进行计算。

注：俄罗斯是2010年数据，日本、新西兰是2012年数据，芬兰、匈牙利、荷兰、澳大利亚、美国、以色列、墨西哥、韩国是2014年数据，其他国家均为2013年数据。

收入再分配政策在提高贫困人口相对收入方面也发挥了积极作用。以欧盟国家为例，欧盟各国贫困人口的初次分配相对收入水平普遍不理想（见表3-7），大多低于0.3，贫困群体在收入分配中的弱势地位比较突出。通过收入再分配政策的调节后，贫困人口的收入获得了较大幅度增长，有15个国家的增幅超过了100%。经过全部经常转移后，绝大部分欧盟国家的贫困人口可支配相对收入达到0.3以上。爱尔兰与芬兰的收入再分配政策在提高贫困人口相对收入上取得的成效最为显著，两国贫困人口初次分配相对收入水平在欧盟28国中分别排在倒数第二位和第三位，但由再分配带来的高幅度收入增长使贫困人口人均收入状况明显改观，接近全部人口平均收入的40%。

表 3-7 欧盟国家收入再分配前后的贫困人口相对收入变化

指标 国家	贫困人口初次分配相对收入 数值	贫困人口相对收入状况	贫困人口可支配相对收入 数值	贫困人口相对收入状况	全部经常转移给贫困人口带来的收入增幅（%）	全部经常转移对贫困人口相对收入的改善度（%）
丹麦	0.053	极低	0.237	较低	281.0	345.68
爱尔兰	0.089	极低	0.396	适度	342.1	343.53
芬兰	0.101	低	0.391	适度	289.0	287.39
比利时	0.129	低	0.393	适度	196.5	205.34
英国	0.119	低	0.337	适度	173.0	182.72
德国	0.132	低	0.372	适度	176.0	181.76
拉脱维亚	0.118	低	0.311	适度	162.1	164.56
爱沙尼亚	0.137	低	0.343	适度	175.2	149.72
斯洛文尼亚	0.154	低	0.382	适度	160.7	147.62
瑞典	0.153	低	0.380	适度	145.2	147.46
克罗地亚	0.149	低	0.343	适度	158.0	129.78
荷兰	0.182	低	0.388	适度	82.1	113.47
奥地利	0.191	低	0.404	较高	113.2	111.79
保加利亚	0.164	低	0.336	适度	125.0	105.14
立陶宛	0.171	低	0.333	适度	114.0	94.35
葡萄牙	0.199	低	0.361	适度	100.7	81.64
捷克	0.237	较低	0.409	较高	91.1	72.38
法国	0.232	较低	0.395	适度	76.3	70.62
马耳他	0.246	较低	0.408	较高	71.8	66.18
罗马尼亚	0.218	较低	0.357	适度	73.6	63.38
卢森堡	0.341	适度	0.548	很高	70.4	60.74
西班牙	0.222	较低	0.350	适度	87.1	57.65
意大利	0.222	较低	0.342	适度	65.2	53.75
塞浦路斯	0.238	较低	0.358	适度	77.3	50.60

续表

指标 国家	贫困人口初次分配相对收入 数值	贫困人口相对收入状况	贫困人口可支配相对收入 数值	贫困人口相对收入状况	全部经常转移给贫困人口带来的收入增幅（%）	全部经常转移对贫困人口相对收入的改善度（%）
斯洛伐克	0.317	适度	0.443	较高	48.8	39.73
波兰	0.285	较低	0.368	适度	31.0	29.06
匈牙利	0.332	适度	0.415	较高	29.5	25.16
希腊	0.307	适度	0.342	适度	24.4	11.69

资料来源：根据 EUROMOD Statistics 中的相关数据计算。

注：①贫困人口是根据可支配收入中位数60%的贫困线来界定的；②斯洛文尼亚、立陶宛、马耳他、罗马尼亚、卢森堡、匈牙利六国是2014年数据，其他国家均为2015年数据。

二、各类经常转移的"提低"效果

收入再分配政策中在"提低"上发挥主要作用的自然是经常转移收入，但这并不意味着可以忽视经常转移支出因素。对于贫困人口而言，较少的经常转移支出能间接起到增加其可支配收入的作用；反之，较多的经常转移支出则容易进一步加重贫困程度。所以，我们在重点分析经常转移收入"提低"成效的同时，也关注经常转移支出对"提低"的影响。

（一）经常转移收入、经常转移支出的"提低"效果

由于缺少相关数据无法测算全部经常转移支出对贫困率的影响，本书仅定量考察全部经常转移收入对贫困率的改善度（见表3-8），结果发现：经常转移收入对欧洲各国贫困人口脱贫起到了重要作用，除了土耳其、罗马尼亚等少数国家外，大部分国家的经常转移收入具有比较显著的减贫效应。其中，北欧国家经常转移收入的减贫效果尤为突出，获

得转移性收入后，原来贫困人口中的半数左右能脱离贫困状态。

表3-8 欧洲国家全部经常转移收入对贫困率的改善度

国家	改善度（%）	国家	改善度（%）	国家	改善度（%）
爱尔兰	58.06	法国	43.10	西班牙	26.58
挪威	55.09	英国	42.81	葡萄牙	26.14
芬兰	53.73	斯洛文尼亚	42.34	波兰	23.14
冰岛	53.40	捷克	42.26	保加利亚	22.54
丹麦	52.71	匈牙利	42.02	立陶宛	22.28
荷兰	47.98	塞浦路斯	36.22	爱沙尼亚	22.30
瑞典	46.10	克罗地亚	35.48	意大利	21.65
奥地利	45.70	斯洛伐克	35.26	拉脱维亚	17.58
比利时	44.19	德国	33.47	罗马尼亚	13.31
卢森堡	43.75	欧盟28国	33.20	土耳其	6.85
瑞士	43.21	马耳他	31.22		

资料来源：根据Eurostat中的相关数据计算。

注：①Eurostat数据库中，在各类经常转移的顺序上，经常转移收入排在经常转移支出之后，因此表中的结果是按照第三种方法计算得出的；②土耳其为2013年数据，爱尔兰、瑞士为2014年数据，其他国家均为2015年数据。

欧盟28国的经常转移收入总体上较好改善了贫困人口的相对收入状况（见表3-9），发挥了较明显的"提低"功能。经常转移支出对贫困人口相对收入的影响存在国别差异：在发生经常转移支出后，贫困人口相对收入水平在15个国家中是上升的，而在其余13个国家中则是下降的。这主要取决于经常转移支出使全部人口平均收入与贫困人口平均收入下降幅度的对比，当后者降幅小于前者时，贫困人口相对收入就会提高；反之当后者降幅高于前者时，贫困人口相对收入就会降低。可见，除了经常转移收入外，经常转移支出在一定条件下也能产生提升贫困人口相对收入地位的效应。

表3-9 欧盟国家全部经常转移收入与支出对贫困人口相对收入的改善度

国家	全部经常转移收入对贫困人口相对收入的改善度（%）	全部经常转移支出使人均收入下降的幅度（%） 全部人口	全部经常转移支出使人均收入下降的幅度（%） 贫困人口	全部经常转移支出对贫困人口相对收入的改善度（%）
丹麦	332.93	47.2	193.5	-277.10
爱尔兰	263.03	30.7	31.0	-0.55
芬兰	213.11	37.4	42.6	-8.31
英国	148.54	26.9	33.9	-9.57
比利时	128.67	40.3	17.7	37.89
德国	125.10	36.9	27.6	14.76
爱沙尼亚	123.24	20.1	15.7	5.53
拉脱维亚	122.90	28.5	22.3	8.72
瑞典	117.29	36.9	50.3	-21.21
斯洛文尼亚	111.20	32.4	30.1	3.48
克罗地亚	102.51	27.1	24.2	3.97
荷兰	91.11	35.2	48.3	-20.11
保加利亚	90.83	20.0	22.4	-2.99
立陶宛	75.95	22.2	18.8	4.37
奥地利	68.36	39.5	22.8	27.65
捷克	64.31	22.5	28.1	-7.15
法国	54.12	35.9	38.3	-3.74
葡萄牙	53.21	29.4	13.7	22.32
马耳他	53.12	19.6	16.4	3.87
西班牙	45.85	20.8	16.3	5.65
罗马尼亚	43.43	29.1	20.5	12.08
塞浦路斯	39.61	16.4	10.0	7.72
斯洛伐克	35.95	25.8	31.0	-7.06
卢森堡	34.70	33.9	18.1	23.99
意大利	29.92	35.2	20.1	23.25

续表

国家 \ 指标	全部经常转移收入对贫困人口相对收入的改善度（%）	全部经常转移支出使人均收入下降的幅度（%）全部人口	全部经常转移支出使人均收入下降的幅度（%）贫困人口	全部经常转移支出对贫困人口相对收入的改善度（%）
波兰	29.81	33.7	44.5	-16.28
匈牙利	28.55	42.9	58.6	-27.56
希腊	9.30	36.2	36.9	-1.10

资料来源：根据 EUROMOD Statistics 中的相关数据计算。

注：斯洛文尼亚、立陶宛、马耳他、罗马尼亚、卢森堡、匈牙利六国是 2014 年数据，其他国家均为 2015 年数据。

（二）五类经常转移收支项目的"提低"效果

基于欧盟 28 国的测算结果（见表 3-10）显示：平均而言，五类经常转移收支项目对贫困率的改善度，从大到小排列依次为养老金收入、审查性转移收入、非审查性转移收入、个人直接税、社会保险缴款。从不同国家层面来看，对降低贫困率作用最显著的经常转移项目，在 24 个国家中是养老金收入，在三个国家（爱尔兰、荷兰、英国）中是审查性转移收入，在一个国家（卢森堡）中是非审查性转移收入。可见，养老金收入是促进减贫最为重要的经常转移项目。社会保险缴款对减贫的负面影响程度总体上略高于个人直接税，但就具体国家来看，有 10 个国家的个人直接税相比社会保险缴款给减贫带来了更大的负面作用。

表 3-10　欧盟国家五类经常转移收支项目对贫困率的改善度

单位:%

类型 国家	养老金收入	审查性转移收入	非审查性转移收入	社会保险缴款	个人直接税
爱尔兰	12.42	50.97	38.68	-1.84	-9.91
爱沙尼亚	43.04	0.64	25.13	-5.26	-18.25
奥地利	52.76	20.68	36.34	-26.94	-6.39
保加利亚	41.07	9.50	11.12	-13.15	-12.72
比利时	55.69	27.94	25.70	-16.87	-7.52
波兰	62.47	8.51	9.93	-40.01	-33.61
丹麦	58.12	33.48	38.69	-18.88	-95.36
德国	57.09	22.49	26.11	-37.05	-7.39
法国	55.16	36.49	33.22	-40.90	-45.95
芬兰	52.30	39.40	39.86	-10.15	-49.99
荷兰	38.82	41.60	40.67	-125.15	-18.56
捷克	64.84	23.63	28.15	-40.98	-3.15
克罗地亚	49.11	11.89	9.71	-23.40	-0.54
拉脱维亚	42.76	0.34	17.98	-10.38	-13.36
立陶宛	49.90	6.30	10.75	-10.84	-9.35
卢森堡	50.10	41.81	60.01	-104.60	-12.12
罗马尼亚	44.94	10.24	8.48	-10.28	-16.04
马耳他	41.99	20.86	2.37	-29.25	-6.89
葡萄牙	49.86	13.81	15.11	-14.12	-3.31
瑞典	53.34	12.10	40.28	-14.31	-64.14
塞浦路斯	42.72	32.06	24.20	-20.89	-2.98
斯洛伐克	61.71	12.50	25.96	-56.62	-5.63
斯洛文尼亚	49.94	24.13	36.95	-48.73	-5.68
西班牙	34.29	21.04	13.28	-11.82	-0.42
希腊	53.86	12.72	6.04	-32.23	-10.08

续表

国家 \ 类型	养老金收入	审查性转移收入	非审查性转移收入	社会保险缴款	个人直接税
匈牙利	60.92	10.45	38.21	-45.96	-46.92
意大利	52.26	14.66	12.77	-14.78	-14.14
英国	19.24	47.90	33.46	-4.78	-27.79
平均	46.93	26.88	23.58	-22.79	-16.78

资料来源：根据 EUROMOD Statistics 中的相关数据计算。

注：①由于数据上的局限，只有测算养老金收入对贫困率改善度时使用了第一种方法，而测算其他项目对贫困率改善度时均使用了第三种方法，这会在一定程度上削弱可比性；②立陶宛、卢森堡、罗马尼亚、马耳他、斯洛文尼亚、匈牙利六国是2014年数据，其他国家均为2015年数据。

就平均值来看，欧盟国家中对贫困人口相对收入改善度最大的经常转移项目是审查性转移收入，然后依次是养老金收入、非审查性转移收入、个人直接税、社会保险缴款。从各个国家角度考察，对提升贫困人口相对收入水平作用最显著的经常转移项目，在14个国家中是审查性转移收入，在10个国家中是养老金收入，在两个国家（比利时、匈牙利）中是非审查性转移收入，在两个国家（希腊、意大利）中是个人直接税。除罗马尼亚、葡萄牙和英国外，社会保险缴款在其他国家均使贫困人口相对收入地位进一步恶化。并且，只有在罗马尼亚和葡萄牙两国中，五类经常转移项目才全部起到了提升贫困人口相对收入地位的作用（见表3-11）。

表3-11 欧盟国家五类经常转移收支项目对贫困人口相对收入的改善度

单位：%

国家 \ 类型	养老金收入	审查性转移收入	非审查性转移收入	社会保险缴款	个人直接税
爱尔兰	8.07	224.84	72.89	-1.09	0.81
爱沙尼亚	105.91	19.28	11.94	-2.91	8.66
奥地利	15.79	50.07	22.15	-2.32	23.78

续表

类型 国家	养老金收入	审查性转移收入	非审查性转移收入	社会保险缴款	个人直接税
保加利亚	71.13	25.70	3.73	-1.61	-1.11
比利时	38.98	54.96	66.23	-1.26	32.56
波兰	18.66	11.87	3.64	-13.87	1.35
丹麦	89.14	173.87	142.02	-31.42	-189.29
德国	49.65	80.26	21.54	-7.00	18.78
法国	10.23	46.23	13.20	-4.57	2.03
芬兰	93.26	130.63	35.77	-0.52	-6.72
荷兰	7.86	77.37	18.44	-25.77	9.13
捷克	27.04	35.85	14.23	-15.04	8.26
克罗地亚	70.38	34.15	13.43	-4.03	6.48
拉脱维亚	98.29	20.30	16.34	-0.01	7.77
立陶宛	51.97	28.01	6.05	-2.90	6.92
卢森堡	-15.23	43.44	22.09	-3.53	23.91
罗马尼亚	18.85	26.77	6.70	4.45	5.62
马耳他	21.55	36.99	1.30	-5.71	9.25
葡萄牙	29.86	23.85	9.67	1.23	18.02
瑞典	49.19	46.48	46.40	-4.82	-12.72
塞浦路斯	24.42	17.97	3.76	-1.81	8.96
斯洛伐克	3.93	26.68	14.79	-12.89	5.89
斯洛文尼亚	58.85	53.88	21.26	-6.98	8.77
西班牙	11.84	33.37	12.72	-9.11	14.91
希腊	1.18	7.26	4.49	-9.68	8.90
匈牙利	0.12	9.47	29.63	-15.32	-4.68
意大利	19.00	12.94	3.50	-0.79	21.20
英国	42.49	97.42	29.62	4.61	-13.94
平均	36.51	51.78	23.84	-6.24	0.84

资料来源：根据 EUROMOD Statistics 中的相关数据计算。

注：立陶宛、卢森堡、罗马尼亚、马耳他、斯洛文尼亚、匈牙利六国是 2014 年数据，其他国家均为 2015 年数据。

第四节 "调高"（调节高收入者收入）的效果

一、全部经常转移的"调高"效果

10%收入最高人口在初次分配收入中所占的比重，在绝大多数欧盟国家中高于25%；而经过收入再分配后，几乎都下降到了25%以下。平均而言，全部经常转移使10%收入最高人口的收入份额降低了约22.2%。而从相对收入指标来看，通过收入再分配的调节，10%收入最高人口平均收入与全部人口平均收入的比值，也下降了约22.8%。可见，欧盟国家运用经常转移收支，削弱了高收入者在收入分配格局中的相对地位。在欧盟28国中，爱尔兰与比利时两国再分配政策调节高收入者收入的效果最为明显（见表3-12）。

表3-12 欧盟国家全部经常转移前后高收入者的相对收入地位变化

指标 国家	10%收入最高人口的收入份额			10%收入最高人口的相对收入		
	初次分配收入（%）	可支配收入（%）	降幅（%）	初次分配收入	可支配收入	降幅（%）
爱尔兰	32.3	21.1	34.67	3.21	2.11	34.27
比利时	27.1	18.7	31.00	2.85	1.92	32.63
卢森堡	26.2	19.0	27.48	2.46	1.83	25.61
英国	33.2	24.1	27.41	3.34	2.43	27.25
捷克	29.1	21.4	26.46	3.04	2.20	27.63
芬兰	28.1	20.9	25.62	2.99	2.18	27.09
克罗地亚	29.8	22.3	25.17	3.12	2.31	25.96
斯洛文尼亚	26.2	19.7	24.81	2.82	2.07	26.60

续表

指标 国家	10%收入最高人口的收入份额			10%收入最高人口的相对收入		
	初次分配收入（%）	可支配收入（%）	降幅（%）	初次分配收入	可支配收入	降幅（%）
西班牙	29.6	22.3	24.66	2.92	2.21	24.32
匈牙利	29.0	22.0	24.14	2.90	2.19	24.48
立陶宛	31.8	24.3	23.58	3.42	2.57	24.85
瑞典	25.3	19.5	22.92	2.69	2.04	24.16
奥地利	28.6	22.1	22.73	2.89	2.23	22.84
斯洛伐克	26.0	20.2	22.31	2.69	2.04	24.16
荷兰	26.6	20.9	21.43	2.76	2.15	22.10
法国	30.8	24.3	21.10	3.10	2.44	21.29
葡萄牙	31.1	24.6	20.90	3.10	2.45	20.97
马耳他	27.7	22.0	20.58	2.85	2.24	21.40
波兰	28.7	22.9	20.21	2.81	2.26	19.57
罗马尼亚	29.3	23.4	20.14	2.93	2.34	20.14
希腊	31.8	25.5	19.81	3.18	2.54	20.13
德国	26.4	21.2	19.70	2.73	2.18	20.15
丹麦	29.3	23.7	19.11	3.18	2.51	21.07
意大利	30.7	24.9	18.89	3.03	2.47	18.48
拉脱维亚	33.3	27.4	17.72	3.65	2.94	19.45
爱沙尼亚	29.1	24.1	17.18	3.21	2.59	19.31
保加利亚	29.4	24.8	15.65	3.09	2.58	16.50
塞浦路斯	24.1	22.9	4.98	2.44	2.31	5.33

资料来源：根据EUROMOD Statistics中的相关数据计算。

注：卢森堡、斯洛文尼亚、匈牙利、立陶宛、马耳他、罗马尼亚六国是2014年数据，其他国家均为2015年数据。

而从非欧盟样本国家的数据（见表3-13）来看，10%收入最高人口的初次分配收入份额普遍较高，有不少国家甚至超过了40%。经过收入再分配政策的调节后，各国10%收入最高人口的收入份额均呈现不同程度的下降，全部经常转移发挥了一定的"调高"作用。

表3-13　非欧盟国家全部经常转移前后10%收入最高人口的收入份额变化

单位：%

国家	初次分配收入	可支配收入	降幅	国家	初次分配收入	可支配收入	降幅
哥伦比亚	41.9	33.6	19.89	美国	30.2	28.1	7.09
巴西	41.8	35.8	14.45	阿根廷	30.8	28.7	6.67
日本	25.7	22.0	14.31	加拿大	25.7	24.3	5.75
巴拿马	40.0	35.4	11.41	墨西哥	39.5	37.3	5.59
南非	63.7	56.7	11.05	澳大利亚	26.5	25.1	5.43
以色列	31.3	27.9	10.87	智利	41.7	39.8	4.60
印度	41.0	37.3	9.07	秘鲁	33.0	31.5	4.55

资料来源：根据World Income Inequality Database 中的相关数据计算。

注：①EUROMOD数据库与WIID数据库关于等分收入组收入份额的统计口径与方法有较大差异，可比性较弱，因而用两张表格分别列示；②印度为2005年数据，日本为2009年数据，以色列、加拿大、澳大利亚为2010年数据，南非、智利为2011年数据，哥伦比亚、巴西、巴拿马、美国为2013年数据，阿根廷、墨西哥、秘鲁为2014年数据。

二、各类经常转移的"调高"效果

对于调节高收入者收入而言，经常转移支出的功能是显著的，但经常转移收入的作用也同样不可忽视，避免经常转移收入过多流向高收入群体能防止出现"逆调节"现象。另外，从整个居民收入分配格局来看，向中低收入群体倾斜的经常转移收入体系也有助于降低高收入群体的相对收入地位。

（一）经常转移收入、经常转移支出的"调高"效果

通常认为，调节高收入者收入主要依靠的是经常转移支出，但对欧盟28国的定量分析发现，无论是从10%收入最高人口的收入份额指标还

<<< 第三章 国外收入再分配政策调节居民收入差距的效果及其比较

是相对收入指标来看，除了个别国家（塞浦路斯和葡萄牙）外，绝大多数国家经常转移收入对"调高"的贡献度（见图3-2、图3-3）要大于经常转移支出。平均而言，欧盟国家经常转移支出对"调高"的贡献度仅略高于37%。这种贡献度结构特点实际表明，经常转移支出使高收入群体收入削减程度高于全社会平均水平，只是欧盟国家经过再分配后10%收入最高人口相对收入地位下降的次要成因，更主要的原因在于中低收入群体因获得较多经常转移收入而使其收入水平较大幅度提高，进而间接使得10%收入最高人口的收入份额与相对收入水平降低。

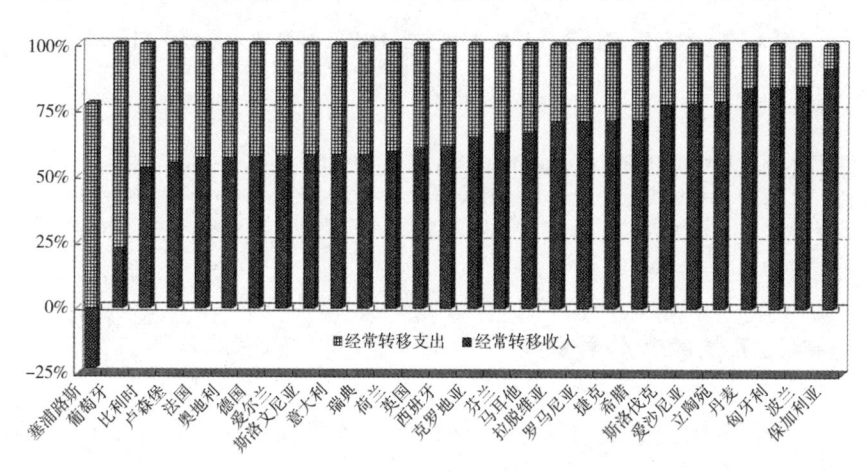

图3-2 欧盟国家经常转移收入和支出对降低10%收入最高人口收入份额的贡献度

资料来源：根据EUROMOD Statistics中的相关数据计算。

注：①在计算贡献度时，两大类经常转移的顺序安排是先经常转移收入后经常转移支出；②卢森堡、斯洛文尼亚、马耳他、罗马尼亚、立陶宛、匈牙利六国是2014年数据，其他国家均为2015年数据。

87

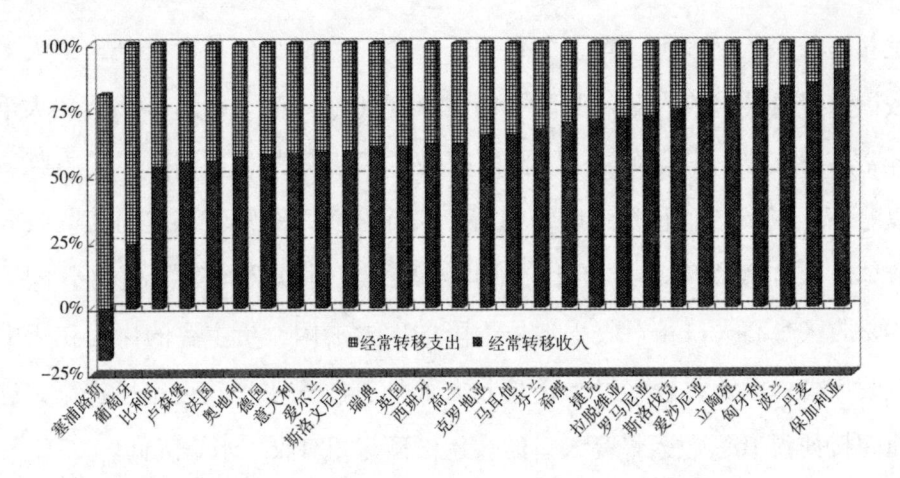

图3-3 欧盟国家经常转移收入和支出对降低10%收入最高人口相对收入的贡献度

资料来源：根据EUROMOD Statistics中的相关数据计算。

注：①在计算贡献度时，两大类经常转移的顺序安排是先经常转移收入后经常转移支出；②卢森堡、斯洛文尼亚、马耳他、罗马尼亚、立陶宛、匈牙利六国是2014年数据，其他国家均为2015年数据。

（二）五类经常转移收支项目的"调高"效果

就欧盟28国的平均值来说，五类经常转移收支项目调节高收入者收入的力度，从大到小排列依次为养老金收入、个人直接税、审查性转移收入、非审查性转移收入、社会保险缴款。其中，社会保险缴款反而起到了逆向调节作用。绝大多数欧盟国家的个人直接税发挥了不同程度的"调高"作用，在葡萄牙、卢森堡、德国、奥地利、塞浦路斯、西班牙、荷兰、法国这八个国家，个人直接税在"调高"中所起的作用强于其他四类经常转移项目。不过，丹麦和匈牙利两国的个人直接税导致10%收入最高者的相对收入地位进一步提升，偏离了个人直接税的调节目标（见表3-14、表3-15）。

表 3-14 欧盟国家五类经常转移收支项目
使 10% 收入最高人口收入份额降低的幅度

单位:%

类型 国家	养老金收入	审查性转移收入	非审查性转移收入	社会保险缴款	个人直接税
爱尔兰	5.57	11.46	6.81	0.62	10.22
爱沙尼亚	13.40	0.34	0.34	0.00	2.06
奥地利	8.39	2.80	4.20	-4.90	11.19
保加利亚	12.24	1.70	1.70	-1.36	0.00
比利时	13.28	3.32	2.58	-1.11	11.44
波兰	15.33	1.39	1.74	-2.79	0.00
丹麦	10.58	16.04	4.10	-2.05	-4.44
德国	8.71	2.65	1.52	-6.44	11.74
法国	7.79	3.57	2.60	-2.60	9.42
芬兰	12.10	4.27	3.91	-0.71	3.91
荷兰	6.39	4.14	3.76	-7.52	10.53
捷克	16.49	1.72	2.06	-0.69	5.15
克罗地亚	14.77	2.01	1.01	-1.01	6.71
拉脱维亚	11.41	0.60	1.50	-0.30	2.40
立陶宛	16.35	1.26	1.89	-0.63	1.89
卢森堡	9.16	3.44	6.11	-2.29	12.98
罗马尼亚	12.29	2.39	1.02	0.34	1.71
马耳他	10.83	3.61	0.36	-2.89	8.30
葡萄牙	1.29	1.93	2.57	0.00	19.61
瑞典	8.30	1.19	5.53	-1.98	8.30
塞浦路斯	-2.90	2.49	-1.24	-1.66	11.20
斯洛伐克	15.00	1.54	2.69	-1.92	3.46
斯洛文尼亚	9.92	2.67	4.20	-1.53	7.63
西班牙	10.14	4.39	2.70	-1.69	10.81

续表

类型\国家	养老金收入	审查性转移收入	非审查性转移收入	社会保险缴款	个人直接税
希腊	11.64	2.83	1.57	-6.92	8.18
匈牙利	16.55	1.03	5.52	-1.72	-4.48
意大利	11.40	1.63	-1.30	-0.98	6.84
英国	6.93	7.53	4.52	-0.30	7.23
平均	10.48	3.35	2.64	-1.96	6.57

资料来源：根据 EUROMOD Statistics 中的相关数据计算。

注：立陶宛、卢森堡、罗马尼亚、马耳他、斯洛文尼亚、匈牙利六国是2014年数据，其他国家均为2015年数据。

表3-15 欧盟国家五类经常转移收支项目使10%收入最高人口相对收入降低的幅度

单位：%

类型\国家	养老金收入	审查性转移收入	非审查性转移收入	社会保险缴款	个人直接税
爱尔兰	5.61	11.53	6.85	0.62	10.28
爱沙尼亚	15.26	0.62	0.62	0.00	2.18
奥地利	8.65	3.11	4.15	-4.84	11.07
保加利亚	12.94	1.94	1.62	-1.62	-0.32
比利时	14.04	3.51	2.81	-1.05	11.58
波兰	14.95	1.07	1.42	-2.85	0.00
丹麦	11.64	17.92	4.40	-2.20	-5.97
德国	8.79	3.30	1.47	-6.59	11.72
法国	7.74	3.55	2.58	-2.58	9.35
芬兰	12.71	4.68	4.35	-0.67	3.68
荷兰	6.88	4.71	3.99	-7.97	10.51
捷克	17.16	1.65	1.98	-0.99	4.95
克罗地亚	15.06	2.24	0.96	-0.96	6.73

续表

类型 国家	养老金收入	审查性转移收入	非审查性转移收入	社会保险缴款	个人直接税
拉脱维亚	12.60	0.55	1.64	-0.55	2.19
立陶宛	17.54	1.75	-0.29	-0.58	2.05
卢森堡	8.94	2.85	5.28	-2.44	11.79
罗马尼亚	12.63	2.05	1.02	0.34	2.05
马耳他	11.23	3.51	0.35	-3.16	8.07
葡萄牙	1.61	1.94	2.58	0.00	19.35
瑞典	9.29	1.49	5.95	-1.86	7.81
塞浦路斯	-2.87	2.05	-1.64	-2.05	10.66
斯洛伐克	15.61	1.49	2.60	-2.23	3.72
斯洛文尼亚	10.99	3.19	4.61	-1.42	8.16
西班牙	10.27	4.45	2.74	-1.71	10.96
希腊	11.64	2.83	1.26	-6.92	8.18
匈牙利	16.55	1.03	5.17	-1.72	-4.48
意大利	11.22	1.65	-1.32	-0.99	6.93
英国	6.89	7.49	4.49	-0.30	6.89
平均	10.91	3.51	2.56	-2.05	6.43

资料来源：根据 EUROMOD Statistics 中的相关数据计算。

注：立陶宛、卢森堡、罗马尼亚、马耳他、斯洛文尼亚、匈牙利六国是2014年数据，其他国家均为2015年数据。

第五节 控制收入两极分化的效果

一、全部经常转移控制收入两极分化的效果

在欧盟28国中，初次分配收入的两极分化程度普遍较高，就收入不良指数来看，仅有7个国家两极分化程度处于合理或均等状态。收入再

分配政策在降低欧盟各国收入两极分化程度方面发挥了积极效应，全部经常转移对收入不良指数和帕尔玛比值的平均改善度，分别达到了56.4%和50.8%。经过收入再分配的调节后，绝大多数欧盟国家的收入不良指数值处于均等或合理状态（卢森堡为高度平均状态），而帕尔玛比值也全部低于1.8。爱尔兰、芬兰、比利时和英国在控制收入两极分化上的成效最为显著，在再分配政策实施前，比利时处于两极分化过大状态，而其余三国更是处于两极分化的悬殊状态。四国经常转移缩小两极收入差距的作用力度很大，并最终将可支配收入两极分化程度降至较低水平（见表3-16）。

表3-16 欧盟国家全部经常转移前后收入两极分化程度的变化

指标 国家	收入不良指数					帕尔玛比值		
	初次分配收入	两极分化状况	可支配收入	两极分化状况	改善度（%）	初次分配收入	可支配收入	改善度（%）
爱尔兰	25.64	悬殊	4.27	均等	83.34	3.90	0.98	74.97
芬兰	15.35	悬殊	4.02	均等	73.83	2.39	0.92	61.53
比利时	13.49	过大	3.55	均等	73.67	2.46	0.80	67.48
英国	18.30	悬殊	5.20	均等	71.60	3.34	1.19	64.38
丹麦	18.15	悬殊	5.32	均等	70.67	2.90	1.15	60.38
拉脱维亚	24.63	悬殊	7.73	合理	68.62	4.19	1.72	58.84
爱沙尼亚	19.27	悬殊	6.19	合理	67.88	3.25	1.34	58.70
瑞典	12.66	过大	4.26	均等	66.35	1.87	0.87	53.48
克罗地亚	16.39	悬殊	5.68	均等	65.32	2.37	1.12	52.60
斯洛文尼亚	10.57	偏大	4.05	均等	61.65	1.82	0.88	51.77
荷兰	10.12	偏大	3.89	均等	61.56	1.86	0.92	50.73
德国	10.84	偏大	4.19	均等	61.38	1.91	0.95	50.18
奥地利	10.22	偏大	4.07	均等	60.21	1.88	0.95	49.29
立陶宛	16.26	悬殊	6.50	合理	60.00	3.26	1.41	56.67

续表

国家 \ 指标	收入不良指数					帕尔玛比值		
	初次分配收入	两极分化状况	可支配收入	两极分化状况	改善度(%)	初次分配收入	可支配收入	改善度(%)
保加利亚	15.82	悬殊	6.50	合理	58.91	2.63	1.38	47.50
捷克	8.65	合理	3.81	均等	55.97	2.06	0.92	55.26
葡萄牙	11.47	偏大	5.29	均等	53.86	2.45	1.23	49.96
卢森堡	5.60	均等	2.77	高度平均	50.52	1.36	0.71	47.60
马耳他	9.01	偏大	4.46	均等	50.51	2.11	1.08	48.78
罗马尼亚	12.03	过大	6.03	合理	49.84	2.35	1.28	45.70
西班牙	11.09	偏大	5.62	均等	49.33	2.25	1.14	49.34
法国	7.93	合理	4.20	均等	47.06	1.95	1.09	43.91
意大利	9.93	偏大	5.44	均等	45.22	2.14	1.23	42.53
塞浦路斯	7.29	合理	4.38	均等	39.91	1.42	1.03	27.59
斯洛伐克	5.86	均等	3.55	均等	39.47	1.51	0.85	44.07
匈牙利	6.26	合理	4.01	均等	35.86	1.65	0.97	41.21
波兰	7.40	合理	4.85	均等	34.50	1.71	1.09	35.96
希腊	8.51	合理	6.52	合理	23.41	2.01	1.36	32.39

资料来源：根据 EUROMOD Statistics 中的相关数据计算。

注：斯洛文尼亚、立陶宛、卢森堡、马耳他、罗马尼亚、匈牙利六国是2014年数据，其他国家均为2015年数据。

在14个非欧盟样本国家中，发达国家的初次分配收入两极分化程度明显低于发展中国家，南非的初次分配收入不良指数和帕尔玛比值分别高达271.33和39.81，两极收入差距非常大。经过收入再分配政策的调节后，各国收入两极分化水平均呈现不同程度的下降。然而，由于初次分配收入两极分化程度过高，尽管南非、巴西等部分发展中国家在缩小两极收入差距方面做出了巨大努力，但可支配收入两极分化问题依然严峻（见表3-17）。

表 3-17 非欧盟国家全部经常转移前后收入两极分化程度的变化

指标 国家	收入不良指数					帕尔玛比值		
	初次分配收入	两极分化状况	可支配收入	两极分化状况	改善度（%）	初次分配收入	可支配收入	改善度（%）
南非	271.33	悬殊	48.39	悬殊	82.17	39.81	11.85	70.23
哥伦比亚	17.30	悬殊	10.38	偏大	40.04	3.94	2.33	40.80
巴西	17.49	悬殊	11.38	偏大	34.98	3.84	2.58	32.67
印度	19.33	悬殊	13.16	过大	31.94	4.10	3.02	26.43
以色列	10.28	偏大	7.73	合理	24.84	2.20	1.72	21.52
巴拿马	16.64	悬殊	13.30	过大	20.08	3.62	2.83	21.95
阿根廷	9.97	偏大	8.07	合理	19.08	2.13	1.76	17.37
日本	5.42	均等	4.46	均等	17.70	1.28	1.00	22.38
美国	9.11	偏大	7.52	合理	17.37	1.96	1.66	15.44
墨西哥	12.31	过大	10.48	偏大	14.87	3.01	2.61	13.32
智利	12.61	过大	10.80	偏大	14.34	3.28	2.80	14.54
秘鲁	10.77	偏大	9.69	偏大	10.01	2.34	2.11	9.80
加拿大	5.77	均等	5.27	均等	8.75	1.32	1.20	9.15
澳大利亚	5.95	均等	5.62	均等	5.49	1.40	1.29	8.00

资料来源：根据 World Income Inequality Database 中的相关数据计算。

注：①EUROMOD 数据库与 WIID 数据库关于等分收入组收入份额的统计口径与方法有较大差异，可比性较弱，因而用两张表格分别列示；②印度为 2005 年数据，日本为 2009 年数据，以色列、加拿大、澳大利亚为 2010 年数据，南非、智利为 2011 年数据，哥伦比亚、巴西、巴拿马、美国为 2013 年数据，阿根廷、墨西哥、秘鲁为 2014 年数据。

二、各类经常转移控制收入两极分化的效果

（一）经常转移收入、经常转移支出控制收入两极分化的效果

基于欧盟 28 国的测算结果（见图 3-4 和图 3-5）表明，在控制收入两极分化的过程中，经常转移收入比经常转移支出的贡献度更高。就收入不良指数、帕尔玛比值两个指标而言，经常转移收入对缩小两极收

<<< 第三章 国外收入再分配政策调节居民收入差距的效果及其比较

入差距的平均贡献度分别为84.1%和78.7%。

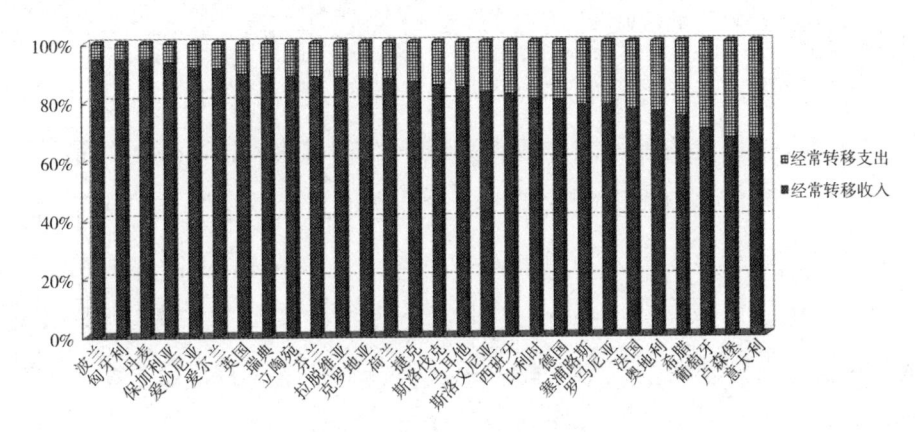

图3-4 欧盟国家经常转移收入和支出对降低收入不良指数的贡献度

资料来源：根据EUROMOD Statistics中的相关数据计算。

注：①在计算贡献度时，两大类经常转移的顺序安排是先经常转移收入后经常转移支出；②匈牙利、立陶宛、马耳他、斯洛文尼亚、罗马尼亚、卢森堡六国是2014年数据，其他国家均为2015年数据。

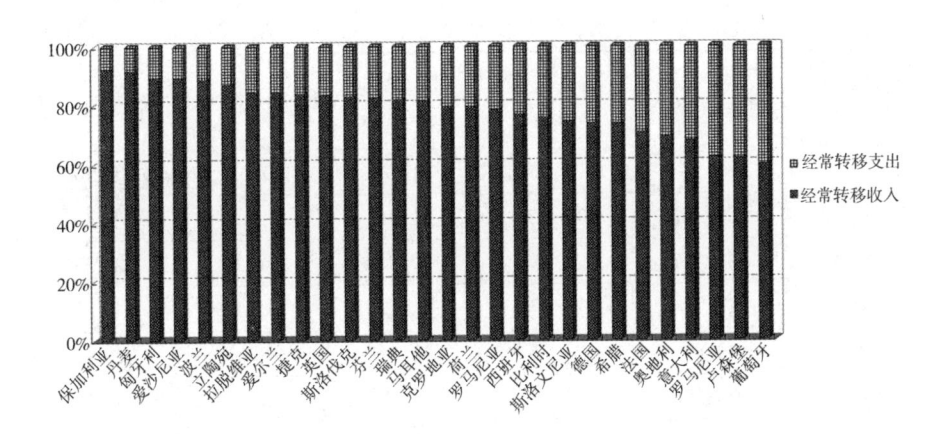

图3-5 欧盟国家经常转移收入和支出对降低帕尔玛比值的贡献度

资料来源：根据EUROMOD Statistics中的相关数据计算。

注：①在计算贡献度时，两大类经常转移的顺序安排是先经常转移收入后经常转移支出；②匈牙利、立陶宛、马耳他、罗马尼亚、斯洛文尼亚、卢森堡六国是2014年数据，其他国家均为2015年数据。

(二) 五类经常转移收支项目控制收入两极分化的效果（见表3-18、见表3-19）

就欧盟国家五类经常转移收支项目控制收入两极分化的作用力度的平均值而言，最大的是养老金收入和审查性转移收入，而最弱的是社会保险缴款，并且在绝大多数欧盟国家，社会保险缴款进一步扩大了两极收入的不平等程度。非审查性转移收入和个人直接税的作用力度大小，取决于具体衡量指标的选择——从收入不良指数来看，非审查性转移收入带来的改善度更大。而对于帕尔玛比值，则是个人直接税带来的改善度更大。在爱尔兰、罗马尼亚和葡萄牙三国，五类经常转移收支全部发挥了控制收入两极分化的正向作用。此外，丹麦个人直接税的调节效果十分不理想，导致"马太效应"急剧放大。

表3-18 欧盟国家五类经常转移收支项目对收入不良指数的改善度

单位：%

类型 国家	养老金收入	审查性转移收入	非审查性转移收入	社会保险缴款	个人直接税
爱尔兰	13.98	71.75	41.84	0.65	9.56
爱沙尼亚	59.35	16.22	11.45	-2.97	9.27
奥地利	25.46	27.69	19.86	-6.63	23.75
保加利亚	47.78	24.77	5.23	-2.82	-1.37
比利时	43.49	25.77	32.25	-0.81	28.07
波兰	25.69	10.45	4.75	-16.60	0.80
丹麦	51.15	36.71	33.66	-9.69	-351.66
德国	31.43	31.61	13.73	-12.42	22.01
法国	14.46	26.55	12.48	-5.05	11.64
芬兰	50.26	42.61	21.38	-0.80	-1.16
荷兰	23.01	40.10	19.88	-40.98	12.84
捷克	39.63	17.43	10.13	-8.85	10.81

续表

类型 国家	养老金收入	审查性转移收入	非审查性转移收入	社会保险缴款	个人直接税
克罗地亚	48.14	26.75	12.84	-4.91	10.47
拉脱维亚	54.08	19.61	15.78	-0.21	9.33
立陶宛	44.54	23.56	7.33	-3.52	8.04
卢森堡	1.85	24.78	21.61	-4.34	26.18
罗马尼亚	21.83	25.99	8.09	5.29	7.17
马耳他	27.56	27.48	1.58	-7.68	13.11
葡萄牙	25.04	20.08	10.30	0.93	26.32
瑞典	44.19	26.06	30.40	-5.69	-16.84
塞浦路斯	23.55	14.31	4.11	-2.66	14.56
斯洛伐克	20.33	13.99	10.78	-11.28	7.57
斯洛文尼亚	36.30	27.01	17.76	-5.75	13.40
西班牙	16.87	29.45	14.28	-12.68	19.81
希腊	7.98	9.61	5.48	-15.43	13.77
匈牙利	16.71	7.94	23.01	-15.07	-7.94
意大利	23.54	12.78	2.62	-1.18	22.05
英国	32.64	50.87	24.45	4.28	-6.31
平均	30.36	25.75	14.94	-6.56	10.63

资料来源：根据 EUROMOD Statistics 中的相关数据计算。

注：①丹麦属于异常值（对均值的偏离度太高），因此在计算均值时将其剔除；②立陶宛、卢森堡、罗马尼亚、马耳他、斯洛文尼亚、匈牙利六国是 2014 年数据，其他国家均为 2015 年数据。

表3-19 欧盟国家五类经常转移收支项目对帕尔玛比值的改善度

单位:%

类型 国家	养老金收入	审查性转移收入	非审查性转移收入	社会保险缴款	个人直接税
爱尔兰	12.71	55.12	28.25	1.19	19.71
爱沙尼亚	51.30	5.09	7.22	-0.86	6.12
奥地利	21.23	12.98	13.41	-8.60	21.82
保加利亚	38.94	11.07	4.61	-2.65	-0.72
比利时	42.80	13.94	15.74	-1.92	23.42
波兰	27.59	5.49	4.22	-9.08	0.24
丹麦	44.25	21.09	18.73	-5.36	-74.29
德国	27.82	14.79	6.98	-14.51	22.10
法国	18.13	15.65	8.75	-4.77	15.35
芬兰	39.83	21.01	13.82	-1.19	2.83
荷兰	21.62	20.93	12.89	-23.86	16.78
捷克	41.51	8.91	6.96	-4.23	11.00
克罗地亚	36.33	11.38	4.72	-2.76	12.14
拉脱维亚	46.36	6.26	8.90	-0.63	7.33
立陶宛	45.04	10.69	5.61	-1.95	6.99
卢森堡	10.90	13.11	16.82	-4.40	26.52
罗马尼亚	27.74	13.63	4.58	2.23	5.84
马耳他	31.24	17.01	1.16	-6.81	14.55
葡萄牙	20.54	11.76	8.30	0.33	31.72
瑞典	33.38	8.50	18.72	-4.11	0.13
塞浦路斯	11.34	9.34	1.19	-3.02	17.42
斯洛伐克	29.75	7.40	8.09	-7.03	7.46
斯洛文尼亚	27.85	12.50	12.28	-3.63	14.31
西班牙	22.31	21.13	10.23	-6.64	21.65
希腊	17.31	8.17	4.10	-14.52	16.01

续表

类型 国家	养老金收入	审查性转移收入	非审查性转移收入	社会保险缴款	个人直接税
匈牙利	27.61	4.64	16.08	-8.11	-9.51
意大利	26.17	7.73	0.26	-1.59	17.52
英国	26.25	37.65	18.12	2.16	7.00
平均	29.02	14.29	9.70	-4.85	12.43

资料来源：根据EUROMOD Statistics中的相关数据计算。

注：①丹麦属于异常值（对均值的偏离度太高），因此在计算平均值时将其剔除；②立陶宛、卢森堡、罗马尼亚、马耳他、斯洛文尼亚、匈牙利六国是2014年数据，其他国家均为2015年数据。

第四章

国外收入再分配效果的主要影响因素

第三章实证分析了国外收入再分配政策调节居民收入差距所取得的效果,由实证结果可以看到,各国收入再分配的效果存在不同程度的差异。这种差异不仅表现在高收入国家与中等收入国家之间,而且反映在不同高收入国家之间。各国收入再分配效果的差异,可以由收入再分配规模、收入再分配资金分布(在不同收入阶层间的分布)、收入再分配覆盖面三大因素加以解释。其中,收入再分配资金分布是最关键的因素,对收入再分配政策调节居民收入差距的效果具有决定性作用。只有在收入再分配资金合理分布的前提条件下,收入再分配规模与覆盖面的扩大才能起到降低收入不平等的作用。

第一节 收入再分配规模的影响

收入再分配规模反映了用于调节初次分配收入差距的资金总量,收入再分配政策对居民收入差距的调节效果，首先与再分配规模即经常转移[①]总量有关。通常而言，再分配所动用的资金规模越大，改变初次收入分配格局的能力也会越强。尽管较大的收入再分配规模未必一定能起到有效降低收入不平等的作用[②]，但如果用于再分配的资金总量偏小，势必难以较明显地改变原有的收入分配结构。在现有文献中，已有不少学者阐述了再分配规模对再分配效应的影响：科尔皮与帕姆（1998）提出，再分配效应的大小，即缩小收入差距以消除贫困和促进收入平等的效果大小，在相当程度上取决于再分配资源规模的大小，如果再分配规模较小，那么它取得的再分配效应就不会很理想。郝秀琴（2014）也认为，在初始收入分配差距为定值的前提下，再分配规模越大，收入差距越小，社会公平程度就越高。再分配规模对再分配效果的影响，不仅体现在整个再分配体系上，同时也体现在各类再分配政策上。下面从全部经常转移与两大类经常转移两个层面考察收入再分配规模与收入再分配效果之间的关系。

对国外部分国家2013年全部经常转移规模与再分配后基尼系数降幅的跨国横截面数据进行回归分析发现：两个变量之间存在显著的正相关性，拟合优度高达0.85，全部经常转移规模越大、基尼系数降幅往往也越大（见图4-1）。对加拿大、意大利、日本三国全部经常转移规模与再分配后基尼系数降幅两变量时间序列数据的回归结果，也同样证实了再分配规模对再分配效果的影响（见图4-2）。

[①] 更准确地说，应该是涉及住户部门的经常转移。
[②] 当收入再分配资金分布不合理时，即使再分配规模很大，也难以有效缩小收入差距。

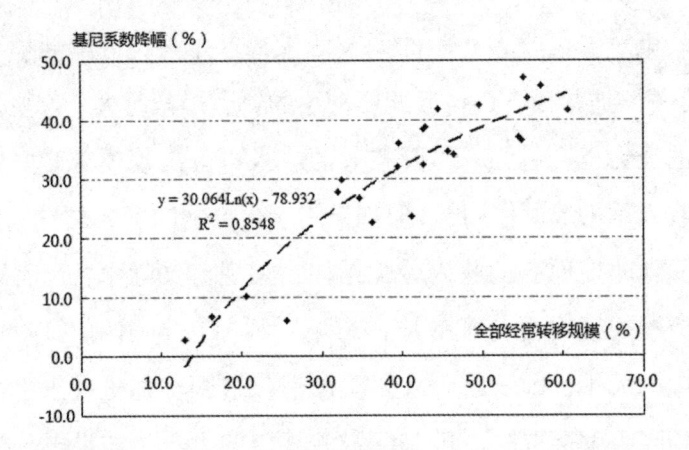

图4-1 全部经常转移规模与基尼系数降幅间的相关性（跨国横截面数据）

资料来源：根据 OECD Statistics 中的相关数据计算并绘制。

注：①全部经常转移规模衡量指标为个人经常转移收入与支出之和占 GDP 的比重；②此处的基尼系数降幅指全部经常转移所带来的基尼系数降幅；③相关数据以 2013 年度为主，个别缺少 2013 年度数据的国家用相邻年度数据。

与全部经常转移的分析结果相同，无论是经常转移收入还是经常转移支出，转移的规模均与基尼系数降幅呈现正相关性。这表明经常转移收入与支出规模的扩大，有助于增强对居民收入整体差距的调节作用。相比较而言，经常转移规模与再分配效果间的关联性，在经常转移收入上表现得比经常转移支出更为明显（见图4-3和图4-4），究其原因，在很大程度上与经常转移支出中社会保险缴款具有累退性有关——累退的社会保险缴款规模越大，反而越不利于降低收入不平等。

考虑到经常转移收入侧重于"提低"而经常转移支出偏重于"调高"，因而我们再对以下四组变量分别进行了回归分析：（1）经常转移收入规模，经常转移收入带来的贫困率降幅；（2）经常转移收入规模，经常转移收入使贫困人口相对收入上升幅度；（3）经常转移支出规模，经常转移支出使 10% 收入最高群体收入份额下降幅度；（4）经常转移支出规模,经常转移支出使10%收入最高群体相对收入下降幅度。结果显示①,变量间的正相关性很不明显,这表明经常转移收入"提低"以及经常转移支出"调高"的效果,同转移的规模并没有很强的关联性。②

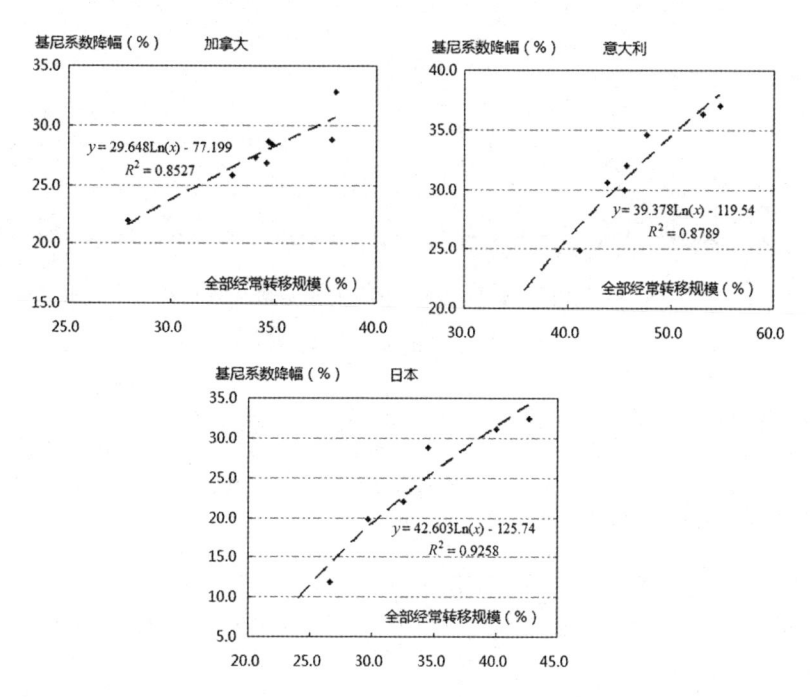

图4-2 全部经常转移规模与基尼系数降幅间的相关性(各国时间序列数据)

资料来源:根据 OECD Statistics 中的相关数据计算并绘制。

注:①全部经常转移规模衡量指标为个人经常转移收入与支出之和占 GDP 的比重;②此处的基尼系数降幅指全部经常转移所带来的基尼系数降幅;③之所以选取加拿大、意大利、日本是因为这三个国家的时间序列数据时间跨度相对较长。

---

① 因篇幅原因,本书省去了回归结果的图示。
② 至少根据我们所选取的指标进行判断,可以得出该结论。

103

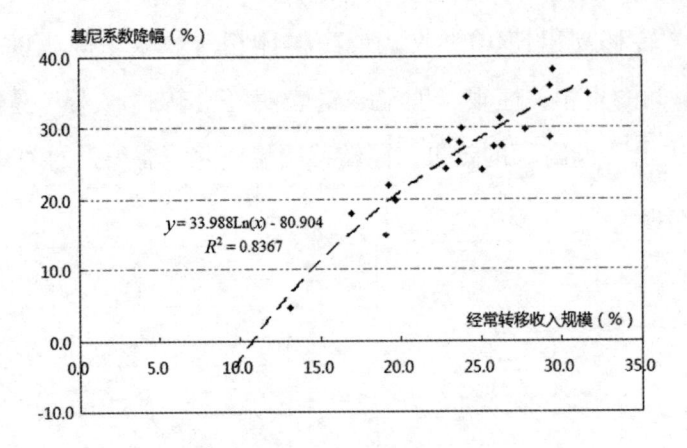

图 4-3 经常转移收入规模与基尼系数降幅间的
相关性（跨国横截面数据）

资料来源：根据 OECD Statistics 中的相关数据计算并绘制。

注：①经常转移收入规模衡量指标为个人经常转移收入占 GDP 的比重；②此处的基尼系数降幅指经常转移收入所带来的基尼系数降幅；③相关数据以 2013 年度为主，个别缺少 2013 年度数据的国家用相邻年度数据。

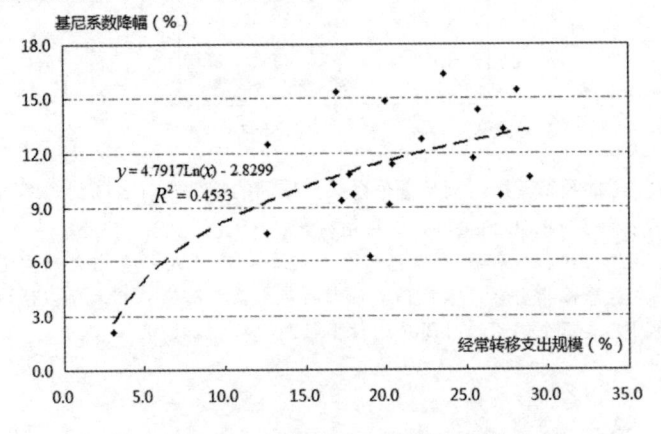

图 4-4 经常转移支出规模与基尼系数降幅间的
相关性（跨国横截面数据）

资料来源：根据 OECD Statistics 中的相关数据计算并绘制。

注：①经常转移支出规模衡量指标为个人经常转移支出占 GDP 的比重；②此处的基尼系数降幅指经常转移支出所带来的基尼系数降幅；③相关数据以 2013 年度为主，个别缺少 2013 年度数据的国家用相邻年度数据；④瑞士为异常值，故在回归时剔除。

第二节　收入再分配资金分布的影响

收入再分配政策能否降低初次分配收入不平等、能在多大程度上缩小初次分配收入差距，与收入再分配资金分布即经常转移在不同收入水平人群间的非均匀分布状态直接相关。参照一般意义上的收入洛伦兹曲线，可以分别构建经常转移支出和经常转移收入的洛伦兹曲线（也可称集中度曲线），这两条曲线能较好反映经常转移在不同收入群体间的非均匀分布情况（见图4-5）。以等额经常转移支出或收入[①]的洛伦兹曲线（即45度线）为基准，对于经常转移支出洛伦兹曲线，当其向右下方（A点）弯曲时称为正向非均匀分布，而向左上方（C点）弯曲时称为反向非均匀分布；对于经常转移收入洛伦兹曲线，当其向左上方（C点）弯曲时称为正向非均匀分布，而向右下方（A点）弯曲时称为反向非均匀分布。一般来说，现实中的经常转移支出总是正向非均匀分布的，而经常转移收入既可能是正向非均匀分布也可能是反向非均匀分布。经常转移支出洛伦兹曲线并不一定总是凸的，可能会在部分区间出现凹的情况；至于经常转移收入洛伦兹曲线，不一定总是凹的，可能会在部分区间出现凸的情况。但无论是经常转移支出还是经常转移收入，两者的洛伦兹曲线都具有单调递增性质。

[①] 所谓等额经常转移支出或收入，是指所有人的经常转移支出或收入数额均相等，即实行统一定额的经常转移支出或收入。

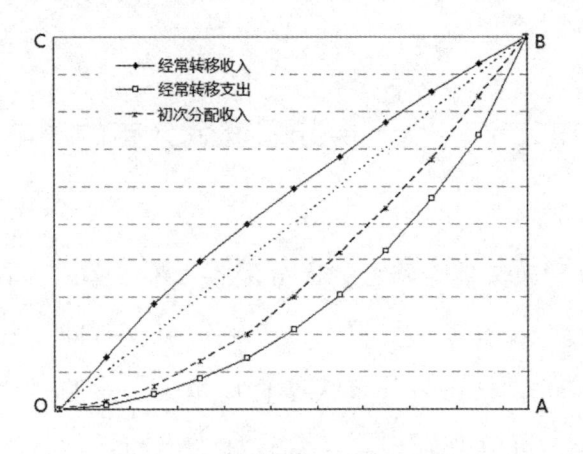

图 4-5 经常转移收支的洛伦兹曲线

经常转移收支的洛伦兹曲线描绘了经常转移收支本身在不同收入群体间的非均匀分布状态，但仅凭这点还无法判断经常转移收支能否使初次分配收入差距缩小。这是因为决定经常转移收入再分配作用的关键，并非经常转移自身分布的非均匀状态，而是经常转移相对于初次分配收入的非均匀分布程度。这种相对意义上的非均匀分布通常用累进性或累退性来表示——累进性是指经常转移占初次分配收入的比重随着收入水平的提高而提高，而累退性则指经常转移占初次分配收入的比重随着收入水平的提高而下降。要起到缩小初次分配收入差距的作用，经常转移支出和经常转移收入应分别满足累进性和累退性要求；并且，累进性或累退性程度越高，降低收入不平等的效果就越明显。

那么，如何定量测度经常转移的累进性或累退性水平呢？在现有文献中，已有学者提出了度量税收累进性的多种方法，主要分为古典累进性测量法和现代累进性测量法。其中，古典累进性只能衡量税制在不同收入点上的累进性，无法考察税制的整体累进性，而现代累进性则能用一个数值反映整个税制的累进性水平。在现代累进性测量法中较为常用的是卡克瓦尼（1977）提出的 K 指数，这一指数实际上可以推广运用到全部经常转移支出，即除了税收外，社会保险缴款的累进性也可以用 K 指数测度。为了与卡克瓦尼提出的衡量税收累进性的 K 指数相区别，我们将衡量经常转移支出累进性的 K 指数用 K_P 表示，$K_p = C_p - G_b = 2\int_n^1 F_1(x) dF(x) - 2\int_n^1 F_1(P(x)) dF(x)$，它是经常转移支出集中度与初次分配收入基尼系数之差，在图形上表现为初次分配收入洛伦兹曲线与经常转移支出洛伦兹曲线所围成面积的 2 倍（见图 4-6 中 OMBN 面积的 2 倍）。当 $K_P > 0$ 时，经常转移支出就是累进的。类比 K_P，可提出测度经常转移收入累退性的指数 K_R，$K_R = G_b - C_R = 2\int_0^1 F_1(R(x)) dF(x) - 2\int_0^1 F_1(x) dF(x)$，它是初次分配收入基尼系数与经常转移收入集中度之差，在图形上表现为经常转移收入洛伦兹曲线与初次分配收入洛伦兹曲线所围成面积的 2 倍（见图 4-7 中 OGBH 面积的 2 倍）。当 $K_R > 0$ 时，经常转移收入就具有累退性。

由 K_P 指数和 K_R 指数可以得到如下结论：对于经常转移支出而言，正向非均匀分布是缩小初次分配收入差距的必要而非充分条件，只有当其非均匀分布程度高于初次分配收入时，才起到降低收入不平等的作用。但对于经常转移收入而言，正向非均匀分布则是缩小初次分配收入差距的充分条件而非必要条件；即使经常转移收入处于反向非均匀分布状态，只要其非均匀分布程度低于初次分配收入，依然能产生降低收入不平等的效应。

图 4-6 K_P 指数   图 4-7 K_R 指数

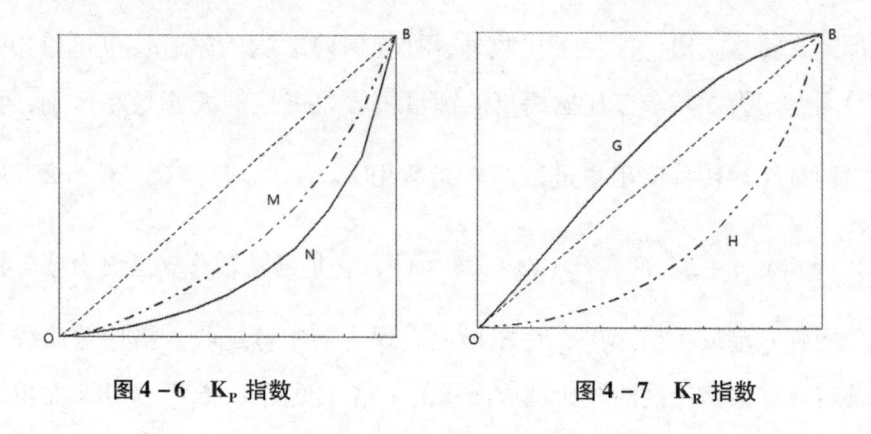

基于欧盟 28 国 2015 年的横截面数据，对经常转移收入累退性指数与基尼系数降幅进行线性回归分析发现：两个变量之间存在较明显的正相关性，拟合优度为 0.62（见图 4-8）。另外，对经常转移支出累进性指数与基尼系数降幅的跨国横截面数据线性回归结果，也同样显示出两变量间较强的正相关性，拟合优度达到 0.82（见图 4-9）。上述简单回归分析结果，在一定程度上验证了 K_P、K_R 指数与收入再分配效果之间的关系。

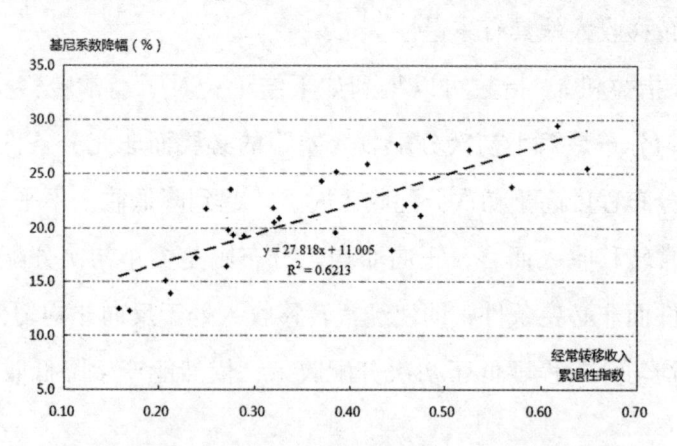

图 4-8 K_R 与基尼系数降幅间的相关性（跨国横截面数据）

资料来源：根据 EUROMOD Statistics 中的相关数据计算并绘制。

注：①此处的基尼系数降幅指经常转移收入所带来的基尼系数降幅；②立陶宛、卢森堡、罗马尼亚、马耳他、斯洛文尼亚、匈牙利为 2014 年数据。

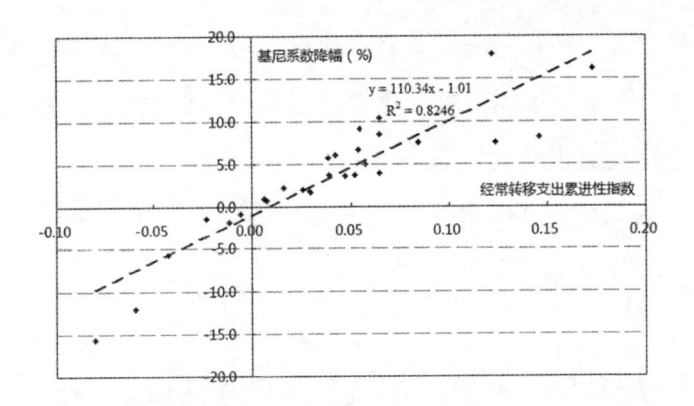

图 4-9 K_P 与基尼系数降幅间的相关性（跨国横截面数据）

资料来源：根据 EUROMOD Statistics 中的相关数据计算并绘制。

注：①此处的基尼系数降幅指经常转移支出所带来的基尼系数降幅；②立陶宛、卢森堡、罗马尼亚、马耳他、斯洛文尼亚、匈牙利为 2014 年数据。

前面的 K_P 指数和 K_R 指数，是针对经常转移在全部人口中的分布状态而提出的，它反映的是经常转移收支在全部人口中的累进性或累退性程度，是影响收入再分配政策缩小整体收入差距效果的重要因素。不过，在第三章中曾指出，研判收入再分配政策调节收入差距的作用，除了从降低整体收入不平等方面分析外，还有必要从"提低""调高"、控制收入两极分化等角度加以考察。而"提低""调高"、控制收入两极分化的效果，尽管与经常转移在全部人口中的分布有关，但主要取决于其在低收入、高收入群体中的分布状态。可见，有必要对 K_P 指数和 K_R 指数进行适当的调整，从而更准确地反映经常转移累进性或累退性在低收入、高收入群体上的表现。为此，定义：

$$K_{PL} = 2\int_0^a F_1(x)dF(x) - 2\int_0^a F_1(P(x))dF(x) \tag{1}$$

$$K_{RL} = 2\int_0^a F_1(R(x))dF(x) - 2\int_0^a F_1(x)dF(x) \tag{2}$$

K_{PL} 与 K_{RL} 两个指标分别表示低收入群体在经常转移支出中所占份额、

在经常转移收入中所占份额对其在初次分配收入中所占份额的偏离程度，其中，定积分上限 a 表示对低收入群体范围的界定。[①] 它们能较好刻画经常转移累进性（累退性）在低收入群体上的表现，是影响收入再分配政策"提低"效果的重要因素。

$$K_{PH} = 2\int_{b}^{1} F_1(x)dF(x) - 2\int_{b}^{1} F_1(P(x))dF(x) \tag{3}$$

$$K_{RH} = 2\int_{b}^{1} F_1(R(x))dF(x) - 2\int_{b}^{1} F_1(x)dF(x) \tag{4}$$

K_{PH} 与 K_{RH} 两个指标分别表示高收入群体在经常转移支出中所占份额、在经常转移收入中所占份额对其在初次分配收入中所占份额的偏离程度，其中，定积分下限 b 表示对高收入群体范围的界定。[②] 它们能较好刻画经常转移累进性（累退性）在高收入群体上的表现，是影响收入再分配政策"调高"效果的重要因素。

基于欧盟28国2015年的横截面数据，分别对 K_{RL}（$a=0.2$）与贫困人口相对收入增幅、K_{PH}（$b=0.9$）与10%收入最高人口相对收入降幅进行线性回归分析，结果显示：变量间确实具有正相关性（见图4-10和图4-11）。这也初步证实了收入再分配资金在低收入、高收入群体中的分布状态直接关系到"提低"与"调高"的效果。

---

① 如 $a=0.2$ 就表示将20%收入最低的人口作为低收入群体。
② 如 $b=0.9$ 就表示将10%收入最高的人口作为高收入群体。

<<< 第四章 国外收入再分配效果的主要影响因素

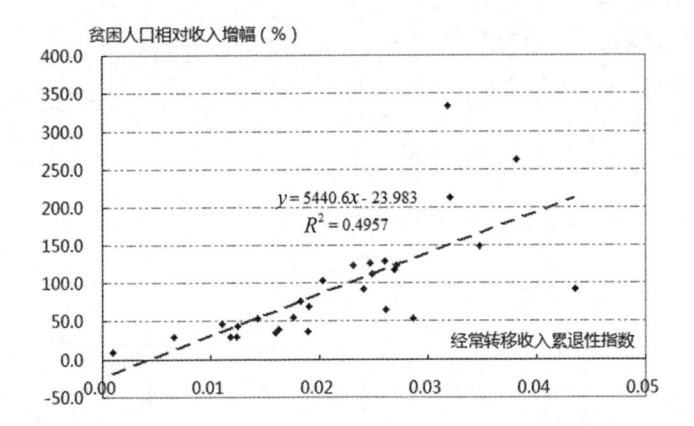

图 4-10 K_{RL}（a = 0.2）与贫困人口相对收入增幅间的

相关性（跨国横截面数据）

资料来源：根据 EUROMOD Statistics 中的相关数据计算并绘制。

注：①此处的贫困人口相对收入降幅为经常转移收入所带来的；②立陶宛、卢森堡、罗马尼亚、马耳他、斯洛文尼亚、匈牙利为 2014 年数据。

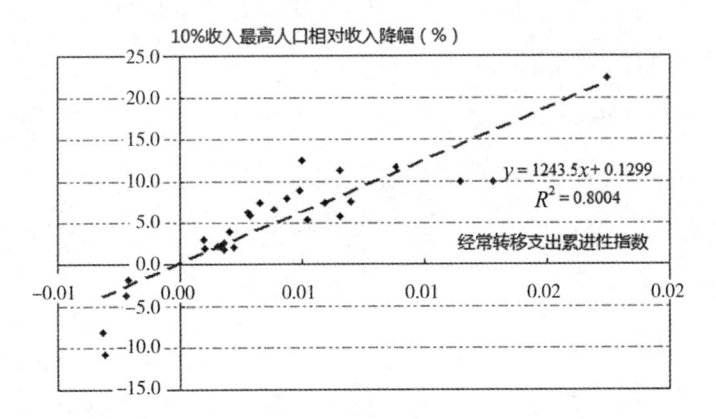

图 4-11 K_{PH}（b = 0.9）与 10% 收入最高人口相对收入

降幅间的相关性（跨国横截面数据）

资料来源：根据 EUROMOD Statistics 中的相关数据计算并绘制。

注：①此处的 10% 收入最高人口相对收入降幅为经常转移收入所带来的；②立陶宛、卢森堡、罗马尼亚、马耳他、斯洛文尼亚、匈牙利为 2014 年数据。

111

至于控制收入两极分化的效果,实际上是"提低"与"调高"效果的综合反映,因此 $K_{PL} + K_{PH}$、$K_{RL} + K_{RH}$ 分别刻画经常转移支出累进性和经常转移收入累退性在高低两极收入群体上的表现,它们是影响收入再分配政策控制收入两极分化效果的重要因素。

第三节 收入再分配覆盖面的影响

收入再分配覆盖面是指收入再分配涉及范围的大小,对于不同收入再分配政策类型,其具体含义有所差异:就个人直接税而言,覆盖面主要是指课税的覆盖面,即课税范围的大小。至于社会保障的覆盖面,指的是全体人口或特定目标群体被某种社会保障项目所覆盖的人口百分比,在缴费型社会保障中包括缴款覆盖面和受益覆盖面两方面,而在非缴费型社会保障中仅指受益覆盖面。

收入再分配效果之所以与收入再分配覆盖面这一因素有密切联系,主要原因在于:(1)收入再分配覆盖面决定了收入再分配政策发挥调节收入差距作用的空间范围。首先,分析个人直接税覆盖面对再分配作用空间的影响。高收入者通常比低收入者拥有更多的收入来源和财产类型,纳入课税范围的个人收入与财产的种类越多、范围越广,个人直接税对高收入的调节空间越大、调节能力也就越强;反之,如果对某些类型的所得或财产不予征税,而这些所得与财产又主要集中于高收入人群,那么个人直接税削减富人收入的操作空间将变得狭窄。接着,再分析社会保障覆盖面对再分配作用空间的影响。通常来说,社会保障制度的覆盖面越宽,纳入社会保障制度的劳动者和国民越多,社会保障收支活动就能在更大空间范围内实现资金从高收入群体向低收入群体的转移。就作为社会保障主体的社会保险而言，其覆盖面更是直接关系到社保资金互济功能的作用范围。当社会保险只针对部分行业或地区的人群而将另一些行业或地区的人群排除在外时，就会造成制度内与制度外两大群体，此时，社会保险只能调节制度内人群之间的收入差距，而难以实现制度内人群与制度外人群间的收入转移。（2）收入再分配覆盖面影响到收入再分配规模。一方面，扩大个人直接税的课税范围与社会保险缴款的覆盖面，均会使经常转移支出规模增大；另一方面，扩大社会保障受益覆盖面，在不改变原有受益人群保障水平的前提下，能起到增加经常转移收入规模的作用。而收入再分配规模的扩大，有利于增进收入再分配的效果。（3）收入再分配覆盖面还影响到收入再分配资金分布。个人直接税课税覆盖面的大小，关系到直接税税负在不同收入群体间的分布格局；当某些所得与财产未纳入课税范围时，税负的累进性水平将受到削弱。社会保障覆盖面状况，则会从缴款与受益两条路径影响经常转移资金分布。如果部分高收入人群无须履行缴款义务，将加剧社会保险缴款的累退性；如果某些低收入者未能享有社保受益权利，转移性收入的累退性会有所减弱甚至呈现累进状态。

个人直接税的覆盖面难以量化，只有社会保障的覆盖面可以用覆盖率指标加以定量测度。不过，社会保障的覆盖率是无法从整体上测度的，而只能分项目加以考察。考虑相关数据的可得性，这里仅分析欧盟国家的养老金覆盖率与养老金收入再分配效果（用基尼系数降幅衡量）之间的关系。简单回归分析结果显示：两个变量之间存在正相关关系，但拟合优度很低，相关性不显著，这与数据选取的特殊性有关。因为欧盟国家的养老金覆盖率普遍较高，跨国间的差异并不大，其中，有不少国家已达到或接近100%；在此情况下，各国养老金收入再分配效果的差异，自然主要由养老金的规模与分布等因素来解释，而与养老金覆盖率关系不大。如果能获

113

得更全面的样本国家①数据进行分析,覆盖率与再分配效果间的关联性很可能会变得明显些(见图4-12)。

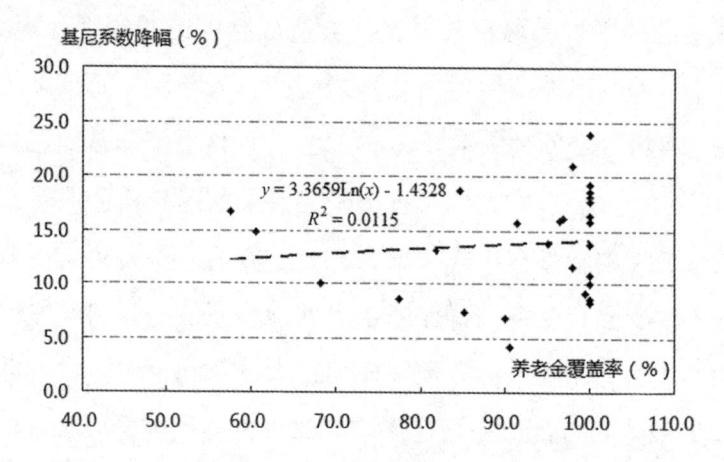

图4-12 欧盟国家养老金覆盖率与基尼系数降幅间的相关性(跨国横截面数据)

资料来源:根据EUROMOD Statistics 和 World Social Protection Report 2014/15 中的相关数据计算并绘制。

注:此处的基尼系数降幅为养老金所带来的。

第四节 实证检验与结果

根据相关数据可获得性情况,利用欧盟28国2011—2015年的面板数据,实证检验收入再分配效果的主要影响因素。由于篇幅限制,仅对全部经常转移收入、全部经常转移支出加以分析,收入再分配效果也只考虑缩小整体收入差距的效果。被解释变量为经常转移带来的基尼系数降幅,解释变量分别为经常转移相对规模、经常转移K指数。收入再分配覆盖面因难以定量测度或数据短缺,故未纳入解释变量。通过面板数据

---

① 包括高收入、中等收入、低收入等不同经济发展水平的国家。

模型形式设定检验，确定建立含个体影响的变截距、不变系数模型，具体形式为：

$$Gini_{Rit} = \beta_0 + \beta_1 M_{Rit} + \beta_2 K_{Rit} + \mu_i + \varepsilon_{it} \tag{1}$$

$$Gini_{Pit} = \theta_0 + \theta_1 M_{Pit} + \theta_2 K_{Pit} + \varphi_i + \zeta_{it} \tag{2}$$

（1）针对经常转移收入，$Gini_{Rit}$、M_{Rit}、K_{Rit} 分别表示经常转移收入带来的基尼系数降幅、经常转移收入相对规模、经常转移收入累退性指数，β_0 为常数项，μ_i 为第 i 个国家的个体效应，ε_{it} 为随机误差项。（2）针对经常转移支出，$Gini_{Pit}$、M_{Pit}、K_{Pit} 分别表示经常转移支出带来的基尼系数降幅、经常转移支出相对规模、经常转移支出累进性指数，θ_0 为常数项，φ_i 为第 i 个国家的个体效应，ζ_{it} 为随机误差项。豪斯曼检验表明，对（1）应使用随机效应模型，而对（2）应选择固定效应模型。实证检验结果如表 4-1 所示。

表 4-1　收入再分配效果影响因素的实证检验结果

变量	模型（1）	模型（2）
M_{Rit}	0.475＊＊＊ （15.22）	—
K_{Rit}	0.528＊＊＊ （33.02）	—
M_{Pit}	—	0.331＊＊＊ （3.93）
K_{Pit}	—	1.170＊＊＊ （8.92）
常数项	-0.148＊＊＊ （-9.47）	-0.115＊＊＊ （-4.47）

续表

变量	模型（1）	模型（2）
N	134	134
R^2	0.908	0.817

注：①模型（1）列中括号内为 z 值，模型（2）列中括号内为 t 值；②＊＊＊表示在 1% 水平下显著；③经常转移相对规模用经常转移占初次分配收入比重表示①。

实证结果显示，无论是经常转移收入还是经常转移支出，经常转移的规模与资金分布对缩小整体收入差距具有显著影响，而且规模越大、累退/累进性越强，调节收入差距的效果越好。由 R^2 可见，再分配规模和再分配资金分布对再分配效果的解释能力，就经常转移收入而言达到了 90% 以上，就经常转移支出来说也超过了 80%，剩余的部分主要由再分配覆盖面等因素解释。模型（2）的 R^2 小于模型（1），在一定程度上说明了社会保障覆盖面对社会保障再分配效果的解释力度，要低于个人直接税覆盖面对个人直接税再分配效果的解释力度。另外，我们还发现，经常转移规模对再分配效果的影响，在经常转移收入中比经常转移支出中更大。而经常转移资金分布对再分配效果的影响，则是在经常转移支出中比经常转移收入中更大。

---

① 前文用个人经常转移收支占 GDP 比重来衡量收入再分配规模，此处考虑数据完整性，改用个人经常转移收支占个人初次分配收入比重来衡量收入再分配规模。尽管两种测度指标具有一定的差异，但因两者具有高度正相关性，不会导致实证结果的较大偏差。

第五章

国外收入再分配政策的实践总结及对我国的启示

国外在运用收入再分配政策调节居民收入差距的长期实践中，形成了不少有益的做法与经验，但同时也存在着一些不足和教训。他山之石，可以攻玉。本章系统性地梳理国外通过个人直接税与社会保障缩小收入差距的政策实践，总结可资借鉴的基本经验以及需要汲取的若干教训，并由此提出对完善我国收入再分配体系的十大启示。

第一节 国外运用收入再分配政策调节收入差距的经验做法

综观国外收入再分配的实践，有许多做法对降低收入不平等具有积极作用。归纳而言，有效运用个人直接税缩小收入差距的经验包括：设置较宽的征税范围、选择合理的课税模式、采用超额累进或差别比例税率、制定有利于提高税收累进性的税收优惠政策、个人所得税实行税收指数化、以市场价或评估价作为财产税的计税依据、针对高收入者建立最低税负制等；有效运用社会保障缩小收入差距的经验主要有：设立非缴费型的社会保障项目、社会保险保持较高统筹层次、降低社会保险缴款的累退性、社会救助金采用补差式给付、建立公平的公共养老金给付机制、建立向低收入者倾斜的医疗保险补偿机制、提高低收入群体的医疗服务可及性、提高最低生活保障的瞄准精度等。

一、个人直接税方面的经验做法

（一）设置较宽的征税范围

国外尤其是发达国家，通常对个人直接税设置了较宽的征税范围：

从个人所得税来看，应税所得的范围相当广泛，包括工资薪金所得、经营所得、财产所得等各种来源的所得。有不少国家还对附加福利与资本利得征税。对附加福利课税的国家，绝大多数是将其纳入个人所得税的征税范围，如奥地利、西班牙、瑞典、阿根廷等；也有少数国家通过单独设立附加福利税的形式对附加福利课税，澳大利亚、新西兰、菲律宾就实行这种方法。对资本利得征税的国家，所采取的具体方式有所差异。有的国家将资本利得作为一般所得征税，如美国、英国、巴西等；有的国家将资本利得从一般所得中分离出来，单独征收资本利得税，如爱尔兰、瑞典等；还有个别国家在将资本利得并入一般所得进行征税的基础上，再加征特别附加税。

至于个人财产税，课税范围也比较广泛。各国基本上都将不动产纳入个人财产税的征税范围，对机动车辆、船舶、飞机等征税的国家也较多；而在实行一般财产税尤其是财产净值税的国家，还将银行存款、有价证券等作为征税对象。

通常而言，与低收入群体相比，高收入群体所拥有的收入与财产的类型要丰富得多，个人所得税与财产税保持较宽的征税范围，能更有效地对高收入者的收入进行调节。特别是某些类型的收入与财产，如附加福利、资本利得、私人游艇和飞机等，往往高度集中在富人群体上，将这些收入与财产纳入课税范围，能更好实现调节高收入的目的。

（二）选择合理的课税模式

目前，国外绝大多数国家在个人所得税上采用了综合课税模式或综合与分类相结合的混合课税模式。相比分类课税，综合课税能更充分体现纳税人的税收负担能力，更符合量能课税原则。尤其是在居民收入来源多元化的情况下，对各类所得进行综合课征有助于增强个人所得税调节收入不平等的功能。

在个人财产税的长期实践中，国外有一些国家采用了财产净值税（也称为"财富税"）的课税模式。在该模式下，财产税的税基为财产总额扣除纳税人债务后的余额。从实质来看，这并非对财产项目本身的征税，而是对纳税人财富的课税。由于财富是衡量纳税能力的主要标准之一，收入不平等在相当程度上又来源于财富不平等，所以，财富税具有很强的收入再分配效应。与选择性一般财产税和个别财产税相比，财富税能够更充分地发挥"调高"作用，从而更有助于缩小收入差距。纵观全球，课征财富税的国家并不多，主要是一些欧洲发达国家，包括法国、德国、荷兰、瑞典、挪威、冰岛、瑞士等[1]，印度等少数发展中国家也开征了财富税。

（三）采用超额累进或差别比例税率

个人所得税实行综合课征或混合课征的国家，对综合所得的征税，

---

[1] 其中部分国家历史上曾经征收过财富税，但后来又取消了。例如，德国于1997年废止，冰岛于2006年废止（在2010年至2012年间又短暂恢复征收）。

在税率上主要采用超额累进税率的形式,通过这种税率结构使个人所得税产生累进性、发挥出缩小收入差距的作用。我们考察了个人直接税缩小整体收入差距与调节高收入群体收入效果比较明显[1]的几个欧盟国家(见表5-1)的个税税率结构情况,发现尽管这些国家在税率级次上差异较大,但有以下两方面的共性特点:一是最高边际税率基本上都在40%以上[2],且大部分位于40%—50%区间;二是适用最高边际税率的应纳税所得额下限,在所有国家中均超过了平均毛收入,这意味着适用最高边际税率者都是平均收入以上的纳税人。

表5-1 部分欧盟国家的个税税率结构特征

指标 国家	税率级数	最高边际税率(%)	适用最高边际税率的应纳税所得额下限(欧元)[A]	平均毛收入(欧元)[B]	A/B
爱尔兰	2	41	32800	22552	1.45
奥地利	4	50	60000	27171	2.21
比利时	5	50	35060	25217	1.39
德国	—	45	501460	25166	19.93
法国	5	41	70830	21537	3.29
荷兰	4	52	55694	29000	1.92
卢森堡	18	39	41794	39845	1.05
葡萄牙	8	46.5	153300	11007	13.93
西班牙	6	45	175000.2	16689	10.49
希腊	8	45	100000	11769	8.50
意大利	5	43	75000	20016	3.75

资料来源:国家税务总局税收科学研究所《外国税制概览(第4版)》和OECD Statistics。

注:①各国均为2011年数据;②德国实行几何累进税率,故无税率级数。

---

① 高于欧盟国家平均水平。
② 卢森堡的最高边际税率是39%,但如果算上附加税的话,也超过了40%。

至于个人财产税，尽管当前国外以比例税率为主，但也有一些国家采用了累进税率形式，并由此增强了财产税的累进性。例如，印度的财富税，按照分劈与未分劈两种家庭类型，分别设置了两类4级超额累进税率，分劈家庭的最高边际税率为2%，而未分劈家庭的最高边际税率为3%；新加坡的选择性一般财产税，则采用3档超额累进税率结构。即使仅实行比例税率的国家，为了更好体现税负公平性、增强对收入分配的调节作用，也经常采用差别比例税率形式。如俄罗斯的个人房产税，房产市价在3亿卢布以下的适用低税率，而3亿卢布以上的豪宅则适用高税率；拥有多套房产者也要按较高的税率纳税。韩国的财产取得税中，普通财产的适用税率是2%，但别墅、豪华轮船、高档娱乐场所则要按照10%的税率征收。

（四）制定有利于提高税收累进性的税收优惠政策

1. 设置合理的免征额与税收宽免[①]

从国外个人所得税实践来看，绝大部分国家都设有免征额或税收宽免，还有不少国家同时设有两者，如德国、波兰等。在税收宽免中，一般有纳税者个人宽免、配偶宽免、子女宽免（抚养宽免）、赡养宽免、老人宽免、残疾人宽免等多种类型。有些国家设置的宽免项目较多，基本覆盖了所有类型，如英国、日本、泰国等；而有的国家仅设置了个人宽免、子女宽免等某些主要宽免类型，如澳大利亚等国。对于免征额与税收宽免的具体水平，主要依据本国经济发展水平和居民基本生活负担来确定，并考虑了其他纳税扣除项目与税收抵免的设置情况。我们观察了个人直接税对低收入人口相对收入改善度较高国家的免征额与税收宽免

[①] 免征额同时适用于个人所得税与个人经常财产税，但税收宽免一般仅针对个人所得税。

水平[1],结果发现:这些国家的免征额与纳税者个人宽免额之和,基本上位于平均毛收入的20%至40%之间,平均约是人均收入的30%。这样的免征额与纳税者个人宽免额水平,是比较适度的,加上其他纳税扣除及税收抵免的减税效应,基本上可以使贫困人口不用或很少缴纳个税,并大幅减轻收入相对较低群体的个税负担。从调节高收入角度来看,将免征额与纳税者个人宽免额之和保持在相对较低的水平,也能够防止富人从中获得过多的减税利益(见表5-2)。

表5-2 部分欧盟国家免征额与纳税者个人宽免额之和的水平

指标 国家	免征额与纳税者个人 宽免额之和(欧元) [A]	人均毛收入 (欧元)[B]	A/B
比利时	6830	25217	0.271
卢森堡	11265	39845	0.283
奥地利	11000	27171	0.405
意大利	4669	20047	0.233
德国	8004	25166	0.318
西班牙	5151	16689	0.309
平均值	—	—	0.303

资料来源:国家税务总局税收科学研究所《外国税制概览(第4版)》和OECD Statistics。

注:意大利为2009年数据,其余国家均为2011年数据。

国外个人经常财产税也较普遍设有免征额,并且,在财产净值税、选择性一般财产税、个别财产税三类财产税中,免征额均较广泛存在。例如,挪威财产净值税的免征额为单身者70万挪威克朗和夫妇140万挪

---

[1] 根据第三章的实证分析结果,个人直接税(个人所得税是其中的主体)对贫困人口相对收入改善度较高的国家主要是:比利时、卢森堡、奥地利、意大利、德国、葡萄牙、西班牙。其中,葡萄牙没有免征额与税收宽免。

122

威克朗①；新加坡选择性一般财产税的免征额为6000新加坡元②；日本的固定资产税分别为土地、房屋和其他折旧资产设置了免征额，土地为30万日元、房屋为20万日元、其他折旧资产为150万日元。

通过免征额与税收宽免的科学设置，收入与资产很少的低收入者将无须缴纳或仅缴纳少量的个人所得税与个人经常财产税，而中等收入群体的个人直接税负担也会获得较明显的减轻。

2. 纳税扣除与税收抵免随收入的增加而减少

纳税扣除与税收抵免是减轻纳税人税负的两种重要途径，为了更好地发挥纳税扣除与税收抵免调节收入差距的作用，不少国家通过一定的制度设计，使纳税扣除与税收抵免随着纳税人收入水平的提高而趋于减少，从而实现减税效应向低收入群体倾斜，避免高收入群体获得过多减税利益。

例如，在纳税扣除方面，根据英国的个人所得税法，当应税净所得超过既定标准时，每超出2英镑就要减少1英镑的税收宽免额，直到用完基本的税收宽免额为止。在税收抵免方面，意大利个人所得税法规定，对于应纳税所得不超过2.4万欧元的，税收抵免额为640欧元；对于应纳税所得高于2.4万欧元但不超过2.6万欧元的，抵免额按照公式（26000 - 应纳税所得）/2000计算；当应纳税所得高于2.6万欧元的，就不能获得任何抵免。③ 美国同时在纳税扣除与税收抵免两方面采取了随收入递减的措施。按照美国个人所得税法，当纳税人的调整后总所得超过一定水平后，超额所得将按2%的比例从个人基本宽免额中扣减。税收抵

---

① 这是2011年标准。
② 这是2011年标准，此外，新加坡财产税的计税依据为财产的年值（按每年估算的财产租金总收入计算）。
③ 应纳税所得与抵免额为2014年度标准。

免上的做法类似，实际税收抵免额随着纳税人收入的提高而减少，当纳税人收入高于一定限度后，就会失去税收抵免资格。

3. 规定纳税扣除与税收抵免的上限

高收入群体的收入来源多、支出范围广，往往能比低收入群体享受到更多种类的纳税扣除与税收抵免。过度的纳税扣除将使税基大幅缩减，而过度的税收抵免将直接侵蚀应纳税额，上述两种情况最终均会削弱个人直接税的"调高"能力。国外不少国家对纳税扣除与税收抵免作了限制性的规定，尽管这种做法未必一定是基于收入再分配的初衷，但客观上确实能起到调节高收入的作用。

一是对纳税扣除的金额进行限制。日本在个人所得税中规定了人寿保险费、财产保险费、医疗费等的最高扣除额；德国个人所得税法规定了保险费用、首次职业教育费用的最高扣除额；巴西规定了个税中教育支出、私人养老保险费等的扣除上限；美国规定最多只能有两套房屋的贷款利息可以在个人所得税税前扣除。在设置纳税扣除的上限后，当高收入群体在扣除项目上的支出超过限额时，超额部分就无法再抵扣，从而防止了税基的过度缩减。

二是对税收抵免设置了最高限额。加拿大的做法较为典型，加拿大的养老金、学费、医疗费、子女健身费、收养费用等许多项目允许按照一定比例在个人所得税中进行抵免，但大部分项目设置了最高抵免额，如养老金为 300 加元、学费为每个学校 100 加元、子女健身费为 75 加元、收养费用为 1669 加元。① 这能够较为有效地避免富人利用过多的税收抵免而减轻纳税义务。

---

① 最高抵免额为 2011 年度标准。

4. 引入可返还的税收抵免项目

通常来说，个人所得税在"提低"方面的作用是有较大局限性的，因为它一般只能通过减少低收入者税负的方式间接增加其可支配收入，当低收入者税负减为零时，个人所得税就再也无法发挥"提低"功能了。然而，在国外个人所得税的发展演进中，有些国家通过制度创新，引入具有返还性质的税收抵免项目——当税法规定的抵免额大于应纳税额时，纳税人不仅无须纳税而且可以获得政府的退税。这样，税收抵免就有可能转变为低收入纳税人的转移性收入，进而拓宽了税收"提低"的作用空间。

美国是实行可返还税收抵免最具代表性的国家。早在1975年，美国就引入可返还的劳动所得税收抵免（earned income credit），该项抵免主要针对低收入个人与家庭，对其取得的劳动所得提供税收抵免，目的在于对取得劳动所得的低收入群体给予税收援助。到了1997年，美国又引入一项新的可返还税收抵免项目——儿童税收抵免（child tax credit），该抵免主要提供给有17岁以下儿童的家庭。与美国类似，英国也设有工作税收抵免（working tax credit）与儿童税收抵免，两者均属于返还性税收抵免范畴。除了美国、英国外，加拿大等其他一些发达国家也有可返还税收抵免项目。

5. 对低收入者给予减免税、延期纳税优惠

美国税法规定，收入较少的老人和残疾人可以享受财产税的递延纳税。英国无收入或收入较低的纳税人，可根据其收入、储蓄等因素，在住宅税（council tax）上享受减免优惠，最高时能获得全额免除。加拿大对符合条件的低收入纳税人的财产，直接给予免征的优惠待遇。此外，还允许老年人和残疾人申请延期纳税。在希腊，支付能力较弱的纳税人，在缴纳房产税时可以获得一定的折扣。

6. 对高收入者实行税收优惠限制

一些国家通过限制高收入者享受税收优惠的方式，来增强个人直接税的"调高"作用。采取这种做法的典型国家是爱尔兰和瑞典：爱尔兰规定，自2010年起，个人调整后所得超过8万欧元后，在申报特别税收减免时就要开始实施限制；超过12.5万欧元后逐渐加大限制；超过40万欧元的，完全限制其享受税收优惠。瑞典则规定，收入超过一定水平的个人将不能享有个人所得税的税收抵免。爱尔兰与瑞典的个人直接税之所以在"调高"上取得较好效果[①]，同两国限制高收入群体享受税收优惠是存在较密切关系的。

（五）个人所得税实行税收指数化

在发生通货膨胀的情况下，个人所得税的宽免额、免征额和抵免额将贬损，纳税档次将有可能爬升，实际纳税级距也将变得比以往狭窄，纳税人的税收负担因此加重。由于低收入者税负的上升幅度通常大于高收入者税负的增幅，所以通货膨胀对低收入纳税群体所带来的利益损害程度更大。为了避免通货膨胀使个税产生逆向收入再分配效果，发达国家较普遍地采用了税收指数化措施，主要做法为：向上调整税收宽免、免征额和税收抵免，避免因通胀而使三者贬值；调整纳税档次，防止通货膨胀将纳税人推向更高一级的纳税档次。例如，英国从1982年开始，按照前一年度的零售价格指数，自动调整税收宽免额；美国从1985年起，每年对联邦个人所得税的税率表和各种扣除与抵免额，按照物价指数调整；加拿大规定，如果年通胀率高于3%，则按高于3%的部分调整

[①] 第三章实证分析表明，爱尔兰与瑞典个人直接税的"调高"作用均优于欧盟国家平均水平。

纳税档次级距额和税收抵免额。

(六) 以市场价或评估价作为财产税的计税依据

财产的市场价值或评估价值能够较好反映财产所有者的经济状况与纳税能力,按市场价值或评估价值征收财产税,有利于实现税负公平、有效发挥财产税调节收入分配的作用。综观国外个人经常财产税的实践,财产净值税总是以市场价值为计税依据的,选择性一般财产税也较多按照市场价值征税。但在个别财产税中,计税依据的国别差异较大。在征收个别财产税的国家中,对于不动产的课税,税制较成熟的发达国家大多以市场价值或评估价值作为计税依据,如日本等。部分发展中国家与转轨国家,原来以面积或资产原值等作为不动产的计税依据,近年来也开始调整为按市场价值或评估价值课税。如俄罗斯规定,从2014年起将按照市价而非以前的登记价对居民住房征税。在某些国家,尽管由于估价困难或出于征管便利等原因,未实行按市场价值或评估价值对不动产征税,但通过采用一些折中性的办法,也在一定程度上缓解了传统计税依据带来的税负不公。例如,以色列的特拉维夫市将城市居民用地进行了分区,不同区域适用不同税率,这种不动产位置与面积标准相结合的新型计税依据,相比单纯以面积从量计税要公平得多。

(七) 针对高收入者建立最低税负制

国外某些国家建立了个人所得的最低税负制,其主要目的是防止高收入群体个税负担偏轻的现象。最典型的就是美国联邦政府所设立的"可选择最低税"(Alternative Minimun Tax),这是一套专门针对高收入纳税人的特殊税制体系,与个人所得税实际上处于并行状态。最低税的税率有26%和28%两档,应纳税所得额减去免征额后不超过规定金额的部分适用26%的税率,超额部分则适用28%的税率。纳税人申报个税时,要根据最低税应纳税额与个人所得税应纳税额中的高者缴纳所得税款。最低税的建立,在一定程度上可以避免收入过高的人因享受过多的税收优惠而缴税过少甚至不缴税的情形出现。

二、社会保障方面的经验做法

（一）设立非缴费型的社会保障项目

由于缴费型社会保障以缴费为受益前提并往往同正规就业相联系,导致其在覆盖低收入群体和非正规就业人员方面受到较大限制。与之相对照,主要依靠税收提供资金来源的非缴费型社会保障,其受益不以缴费为前提条件且不依赖于长期就业记录,能更好地将低收入者等弱势人群纳入社会保障体系中,扩大社会保障的覆盖面,进而促进收入的公平分配。

正是因为上述优势特点,非缴费型社会保障在国外许多国家受到了高度重视。非缴费型养老保障从20世纪下半叶起在全球范围内获得了快速发展,截至2012年,全球范围内已有99个国家和地区建立了非缴费型养老保障制度,遍布高收入OECD国家和亚非拉发展中国家（聂爱霞、朱火云,2015）。至于非缴费型医疗保障,也同样呈现良好的发展势头。在实行国家医疗保障模式的国家,国民普遍享受政府提供的免费或低价医疗服务是基于公民权利而非缴费贡献,非缴费型的全民医疗体系在这些国家的医疗保障中居于主体地位。而在采用其他医疗保障模式的国家,有不少也建立了非缴费型项目。例如,实行社会医疗保险模式的法国设有医疗救助;商业医疗保险模式的代表国家美国,拥有医疗救助计划（Medicare）和儿童健康保险计划（SCHIP）两大非缴费型医保项目,前者面向满足一定条件的低收入者，而后者针对收入较低但又不符合医疗救助计划条件的有子女家庭；新加坡的储蓄型医疗保障体系中，也设立了非缴费型的具有医疗救助性质的医疗基金，它主要服务于依靠医疗储蓄和健保双全计划资金无法支付医疗费的低收入患者。

（二）社会保险保持较高统筹层次

社会保险的统筹层次是影响其调节收入分配效果的重要因素之一。通常而言，提高社会保险的统筹层次，有助于增强其收入再分配的功能。综观全球，许多社会保险制度较成熟的高收入国家，其社会保险体系均具有较高的统筹层次，有不少国家还实现了全国范围内的统筹。在社会养老保险方面，保持高统筹层次的典型例子是美国的老年、遗属和残障保险（OASDI）与日本的国民年金——美国的OASDI直接由联邦政府在全美范围内进行统筹；而日本的国民年金也由中央政府来担当保险人。在社会医疗保险方面，有些国家通过在全国或大区域层面实行医保基金统收统支的方式，保持了较高的统筹层次，如韩国等。而有些国家则采取了另一种方式实现高层次统筹，如德国、荷兰、比利时等国建立了中央层面医保基金筹资再分配机构，在风险管理与评估基础上，对部分或全部保费收入实行再分配（王虎峰，2009）。通过保持较高的统筹层次，社会保险就能在更大的社会群体范围内发挥互济作用，进而更好地实现对居民收入差距的调节。

（三）降低社会保险缴款的累退性

尽管绝大多数国家的社会保险缴款是累退的，就其本身而言无法起到降低收入不平等的作用，但各国在其制度设计中依然考虑到了公平性因素，通过采取一些举措来降低保险费的累退程度，使保险费能在局部范围内发挥缩小收入差距的作用。

最为普遍的做法就是减免低收入者等弱势人群的社会保险缴款，这有助于减轻受益对象的转移性支出负担、间接增加其可支配收入，进而降低社会保险缴款的累退程度。例如：英国设置了国民保险缴款豁免规定，对失业者、因病无法工作者、家庭照顾者等特殊群体，可以免缴国民保险费但被视同缴费；法国规定参保者在失业期间可以免缴社会养老保险费（时间最长为6个季度），免除的保费由政府创建的"退休劳动者团结基金"负责资助和补缴；日本市町村国民健康保险中，家庭收入少于一定金额的参保者，根据实际收入水平可获得减免保费70%、50%或20%的照顾。

除了对低收入者减免社会保险缴款外，国外在实践中还采用了其他一些办法提高缴款的公平性。一是扩大缴款基数范围。在德国，除了工资性收入外，非工资性收入（租金收入、利息收入等）也纳入社会保险费的基数中，这有助于增加高收入者的缴费负担。二是缴款基数不设上限。1985年7月以后，澳大利亚不再对医疗保险税缴税工资设置封顶线。与此类似，美国在1993年也取消了医疗保险税缴税工资基数的上限额。三是按收入状况采用分档差别缴款。美国医疗照顾计划中的"补充医疗保险"部分，月缴费额分为5个档次，适用哪个档次根据参保人的收入确定。四是实行超额累进保险费率。德国在法定医疗保险中规定，在缴费收入高于"保底线"的一段收入区间，费率是随着收入增长而阶梯式提高的。

（四）社会救助金采用补差式给付

社会救助金（主要是养老救助金、失业救济金、最低生活保障金）主要是面向低收入群体特别是贫困人口发放的，但不同低收入者的经济状况仍存在较大差异。因此，许多国家在发放社会救助金时，采取了家计调查基础上的补差式给付办法，这能够使经济越困难者获得越多的救助，从而保证救助资源更多流向贫困程度较高的人口。

从国外实践来看，补差式养老救助金主要有以下两种较为典型的模式：第一种模式是在确定实际补助额时仅考虑收入因素，代表性国家是美国与加拿大。美国规定了补充收入保障计划的最高补助额，当老年人的收入（不含养老金）低于最高补助额时，政府对不足部分进行补贴。加拿大的保证收入补贴也设置了一个最高给付额，如果申请者除了基本养老金外还有其他收入来源，则要从最高给付额中按0.5的比例扣减，即实际领取的保证收入补贴＝最高给付额－0.5×除基本养老金外的其他收入。可见，当申请人的其他收入是最高给付额的两倍时，就不再具备领取保证补贴的资格了。第二种模式是在确定实际补助额时，同时考虑了收入和财产因素，比较典型的是英国的保证补贴项目。英国政府规定了一个最低收入标准，该最低收入标准就是保证补贴的最高补助额，但申请者最终能领取多少补助金，则取决于其收入和储蓄情况。首先，申请人的其他收入（含养老金）要从最高保证补贴额中扣减；然后，如果申请人的个人储蓄超过一定额度，每超过500英镑就要再减少1英镑的保证补贴。

在最低生活保障金上，也有许多国家采用了差额补助方法，英国的收入补助金（Income Support）就是一个典型例子。收入补助金的实际给付金额等于政府规定的全额补助额减去受助者的家庭收入。此外，当受助者资产额超过6000英镑时，每超250英镑还要再扣减1英镑的补助金。这种差额补助模式，有助于在低保群体内部形成低保转移性收入的累退性。

（五）建立公平的公共养老金给付机制

1. 公共养老金采用均等化的定额给付方式

有些国家在非缴费的零支柱养老金中实行定额给付。最典型的是新西兰的"国家养老金"（又称为"超级年金"），这是一种具有普享性质的养老福利金，只要符合年龄和居住条件即可领取。对于平均收入者和低收入者而言，超级年金的替代率分别为40.6%和81.1%左右。加拿大的基本养老金作为普享型的养老福利金，也基本上可以视为定额给付。[①]另有一些国家在第一支柱养老金中采用了定额给付方式。例如，英国的国家基本养老金按统一标准定额发放，尽管退休者获得基本养老金的实际金额会受缴费年限的影响[②]，但与退休前的收入与缴费水平完全无关，替代率大约为平均工资的17%。日本的国民年金也实行定额给付，其替代率接近平均工资的16%。

当对全体退休者发放等额的公共养老金时，这部分养老金与在职期间收入的关联性就被完全隔断了，在职期间工资水平越低者获得的养老金替代率就越高，因此，均等化的等额养老金具有较强的收入再分配作用。

2. 第一支柱养老金采用阶梯式递减的替代率

美国基本养老金的给付额是根据养老金基本保额（PIA）确定的，而计算PIA的基础是参保者在职期间的每月指数化平均收入（AIME）。美国对AIME设置了两个临界点，将AIME划分为三个区间，在不同区间采用超额累退的养老金替代率，目前依次为90%、32%和15%，即PIA =

[①] 只有当年收入达到很高水平时才实行基本养老金返还。
[②] 如果缴费年限不足30年，只能获得减额的基本养老金；如果男性（女性）缴费10（9）年以下的，则不能获得基本养老金。

第一临界点以下收入×0.9＋第一临界点与第二临界点之间的收入×0.32＋超过第二临界点的收入×0.15。英国在计算附加国家养老金时，设置了较低收入线（LEL）、低收入门槛线（LET）和较高收入线（UEL）。附加国家养老金的给付额是根据在职期间介于LEL和UEL之间的超额收入来计算的，而这部分超额收入又划分为高于LEL但低于LET以及高于LET但低于UEL两段，前一段的替代率要高于后一段。美英两国第一支柱养老金采用阶梯式下降替代率的做法，让在职期间收入较低的参保者能够获得相对较高的养老金替代率，从而使社会养老金具有一定程度的累退性，有助于缩小养老金收入的差距。

3. 对第一支柱养老金给付额设置上限

许多国家在计算第一支柱养老金给付额时引入限高机制，以避免出现养老金水平过高的情况。不过，各国在实现限高目标的具体做法上存在一定的差异：日本在被用者年金中实行了"标准收入制"——设置了30个等级的收入，将各等级的收入代表值称为标准收入额，并按在职期间的平均标准收入额来计算退休后可领取的年金额。在标准收入制下，对于收入高于最高等级标准收入额的参保者来说，也只能按照最高等级标准收入额来计算其退休后的年金。加拿大的CPP养老金计划，以设有最高限额的缴费工资的25%作为替代率，因此，工资收入高于缴费工资上限的参保者，其退休后能领取的养老金也将受到上限制约。法国基本养老金给付额根据参保者的年平均工资收入计算，但年平均工资受到封顶额的限制，它是国内最低收入标准的两倍。德国则明确规定法定养老金的最高限额为退休前最后一个月工资的75%。

4. 建立公共养老金的最低给付保障机制

一些国家通过制度设计，在第一支柱养老金中建立了最低给付保障机制：法国最低养老金保障机制相对简单，按有关规定，参保人只要符合年龄与缴费条件，就可以领取不低于既定标准的基本养老金。德国法定养老金的最低给付保障机制略微复杂——法定养老金由个人收入分值、养老金现值和养老金种类调节因子三者的乘积决定，其中收入分值是参保者每年工作收入与当年全体参保者平均工作收入的比值，反映参保者的相对收入水平。由此可见，参保者退休后获得的养老金与其工作期间收入水平是直接正相关的。为了保障低收入参保者退休后的法定养老金收入，德国规定参保超过35年的低收入者，可认定其年收入至少为平均收入的75%，即收入分值至少按0.75计算，这样就为低收入者提供了底线水平的法定养老金保障。

智利等国则在第二支柱养老金中设立了最低给付保障，但其实现方式与法国、德国不同，它所采用的是缴费差额补贴办法。智利的养老金个人账户，养老金收益完全取决于缴费，缺乏再分配效应，为了防止低收入参保者退休后因养老金过低而陷入贫困，智利政府专门设立了缴费型团结养老金（APS）。APS向参保个人账户但缴费不足者提供，当个人缴费低于一定额度时，政府通过给予差额补贴使其缴费达到该额度，这样就可以保证参保者退休后能获得最低的养老金待遇。

（六）建立向低收入者倾斜的医疗保险补偿机制

1. 按收入状况确定起付线、自付比例或标准

国外在提供公共医疗保障过程中普遍要求患者自行承担一部分医疗费用，而出于公平性考虑，在确定起付线、自付比例或标准时，往往会根据患者的收入状况采取差别化的政策，即对低收入者尽可能减轻其自费负担，而对高收入者则要求其自行承担更多费用。这种做法能够使医疗保障实物社会转移流向更多低收入人群，从而有助于降低收入不平等。

美国医疗照顾计划的处方药保险中，专门针对低收入患者确定了较低

的起付线与自付比例或标准。日本在后期高龄者医疗制度中规定,医疗费的个人负担比例,一般人是10%,而高收入者为30%。加拿大的大不列颠哥伦比亚省建立了针对全体居民的"公平药物补贴计划",对处方药品提供一定的补贴,补贴力度随患者收入提高而呈阶梯式下降,即收入较低患者的自付比例也较低。在意大利,中央政府允许地方政府根据家庭收入等因素来决定患者的门诊费自付额,如托斯卡纳大区规定,家庭总收入在3.6万欧元以下的无须自付,在3.6万—7万欧元的要自付5欧元,7万—10万欧元的要自付10欧元,高于10万欧元的则要自付15欧元。①

2. 规定自付上限并向低收入群体倾斜

许多国家为了防止患者尤其是大病与长期慢性病患者医疗费用负担过重,制定了自付封顶线的政策,超过封顶线部分就由医保基金或财政负担。在某些国家,这种政策还体现出向中低收入群体倾斜的特点,即收入越低的患者,个人自付上限也越低,这有利于避免与缓解"因病致贫"现象,并促成高收入患者向低收入患者的资金转移。例如,日本设置了高额医疗费制度(同时针对职业和地域医疗保险),将70岁以下人群按收入分为5档,对每一档收入的人群规定了个人负担医疗费的上限,而且收入越低上限也越低(见表5-3)。

表5-3 日本高额医疗费制度中不同收入水平群体的个人自付上限

年收入档次	每月个人自付上限
低收入者(居民税免税对象)	35400日元,第4个月起24600日元
370万日元以下	57600日元,第4个月起44400日元
370万—770万日元	80100+(医疗费-267000)×1%日元, 第4个月起44400日元

---

① 这是2011年标准。

续表

年收入档次	每月个人自付上限
770万—1160万日元	167400 +（医疗费 − 558000）×1%日元， 第4个月起93000日元
1160万日元以上	252600 +（医疗费 − 84200）×1%日元， 第4个月起140100日元

资料来源：日本厚生劳动省。

（七）提高低收入群体的医疗服务可及性

医疗保障不同于其他社会保障项目之处在于，受益者得到的主要是实物转移收入而非现金转移收入，并且只有接受医疗服务才能获得转移。因此，医疗服务的可及性直接关系到医疗保障对象实际可获得的转移收入水平。通常情况下，医疗资源空间配置上的不公往往导致低收入者等弱势群体较难获得医疗服务，这种现象在发展中国家尤为突出。针对该问题，国外积极探索并实施了一系列有助于提高弱势群体医疗服务可及性的措施：英国、德国、加拿大等发达国家特别重视社区医疗服务体系建设，形成了覆盖全国城市与农村地区、具有完善功能的社区卫生服务网络，由此极大程度地提高了卫生服务的可及性。巴西联邦政府为了更好满足城市贫困人口与偏远地区居民的医疗需求，实施了家庭健康计划（Family Health Program，简称PSF）与内地化计划（Regional Management Plan，简称PDR）——PSF是一项关注家庭和社区，重点解决妇幼保健、疾病控制等问题的初级保健政策，由众多家庭健康小组[①]执行，其目的是改善初级医疗服务的可及性；PDR通过财政补贴鼓励医生到偏远地区提供医疗服务，从而方便远离市区的居民获得医疗服务。印度建立了比较

---

① 家庭健康小组包括医生、护士及其他卫生工作者。

完善的农村三级医疗体系，引导医疗资源往农村地区配置。此外，还推出了大规模的"全国农村健康计划"，旨在减少城乡间医疗卫生发展的不平衡，提高农民获得良好医疗服务的可能性与途径。

(八) 提高最低生活保障的瞄准精度

综观国外实践，许多国家尤其是发达国家在低保政策上采取了救助申请与资格审查相结合的制度，通过对申请者进行家计调查（主要是收入与财产方面的审查）来确定申请人的受助资格，从而将有限的低保资源分配到穷人手中。如果申请者隐瞒经济状况，一旦被发现将受到严厉处罚。不少发展中国家在完善低保瞄准机制上也进行了有益探索：一些拉丁美洲国家综合运用了类别定位、地域瞄准、代理收入调查等方法来提高识别贫困人口的精准性（Lloyd，2008）。巴西在实施"家庭补助"计划的过程中，专门建立了统一的数据库来汇总、管理和分析2200多万家庭数据，利用该数据库的信息能有效降低漏保和错保的概率；印度政府近年来改进了救济金的发放方式，从政府拨款给地方福利机构变为直接将救济金打入穷人的银行账户，以此避免救济金被地方机构层层揩油或被发放给子虚乌有的受益人。

第二节 国外运用收入再分配政策调节收入差距的不足与教训

个人资本所得税负偏轻、社会保险缴款累退对调节收入差距带来的负面影响，几乎是世界各国收入再分配体系运行中遇到的共性问题。就不同类型国家比较而言，发展中国家与转轨国家收入再分配政策体系的完善程度总体上不及发达国家，在运用收入再分配政策调节收入差距过程中暴露出的缺陷也相对更多——从个人直接税方面来看，主要表现为课税范围偏窄、征管能力较弱等；从社会保障方面看，突出表现为社会保障覆盖率不高等。至于发达国家的收入再分配政策，尽管取得了较好的降低收入不平等的效果，但在部分领域也存在一些不足之处，如减税政策偏向于富人、削减社保财政支出使贫困加剧等。此外，税收宽免与免征额设置不当、税率累进性较弱、社会保障的制度分割与过度私有化等问题，也在一些国家表现得比较突出，影响到收入再分配功能的有效发挥。

一、个人直接税调节收入差距的不足与教训

（一）对个人资本所得实行轻税政策

中低收入群体的主要收入来源是劳动所得，资本所得通常集中于高收入群体，从实现税收纵向公平与调节收入差距的角度来说，对个人资本所得理应课征比劳动所得更重的税。但现实中，出于吸引流动资本、减少避税空间、促进经济增长等方面的考虑，国外对个人资本所得普遍采取了轻税政策，使得个人资本所得税负相对较轻。这种轻税政策主要体现为：首先是某些国家对资本所得单独计征，而不与劳动所得合并在一起实行综合累进课税。例如，瑞典、芬兰、挪威等国采用二元所得税制，日本对部分资本所得[①]独立征税，巴西对投资收益和资本利得单独课税等。尤其是资本所得中的资本利得，大部分国家将其排除在综合累进

[①] 主要包括利息所得、小额红利所得、不动产及证券转让所得等。

计征范围之外。① 不过，资本所得税负高低与是否单独课税虽然有关但无必然联系，即使是对个人资本所得实行综合课税的国家，也较普遍地出现了资本所得税负低于劳动所得税负的现象。当前国外个人资本所得税负之所以较轻，更重要的原因在于：一是单独课征的资本所得适用了较低税率。以瑞典为例，对劳动所得征收三级超额累进税率②（32%、52%、57%），而对资本所得仅征收30%的比例税率。二是资本所得享受了较多的税收优惠。不少国家对某些资本所得给予免税待遇，如荷兰对大部分资本利得免税，墨西哥对红利不征税。有些国家只按资本所得的一定比例加以计征，如加拿大规定资本利得按1/2比例计为应纳税所得。还有许多国家给予资本所得特定的纳税扣除或免征额，例如，日本允许为购买股票而借入资金的利息从红利所得中扣除，俄罗斯和匈牙利对个人财产转让所得设置了免征额。对资本所得实行的轻税政策，使得高收入群体的税收负担下降较多，进而削弱了个人所得税对富人收入的调节能力。

（二）税收宽免与免征额设置不当

为了实现有效调节收入差距的目标，个人直接税的税收宽免③与免征额应当设置在适度水平，既不过高也不过低——过高会导致高收入群体税负过轻，弱化税收的"调高"作用。而过低则会造成低收入群体税负过重，不利于发挥税收的"提低"功能。但从国外个人直接税的政策实践来看，有些国家对税收宽免与免征额水平的设置并不合理，从而给收入再分配带来了一定的负面影响。

---

① 有的国家将资本利得作为个人所得税的一个税目，有的国家专门设立了资本利得税。
② 中央税与地方税的合计税率。
③ 税收宽免仅针对个人所得税。

1. 水平过高的教训：拉美案例

不少实证研究表明，拉美国家个人直接税的再分配效果较差。例如，Gōni 等（2008）的测算结果就显示：平均而言，个人直接税仅使拉美国家的基尼系数降低了约 0.01，远远低于欧洲国家 0.05 左右的水平，拉美国家个人所得税的个人宽免额水平过高，是造成再分配效果不佳的重要原因之一。除了墨西哥、智利等少数国家外，大多数拉美国家个税的个人宽免额，都超过了本国人均收入水平，其中，尼加拉瓜的个人宽免额与人均收入之比甚至高达 7.7（见图 5 – 1）。过高的个人宽免额，无疑免除了大量高收入者[①]的个人所得税负担；即便是需缴纳个税的为数不多的极富有人群，他们的税收负担也由于高额税收宽免的存在而得以大幅减轻（见图 5 – 1）。

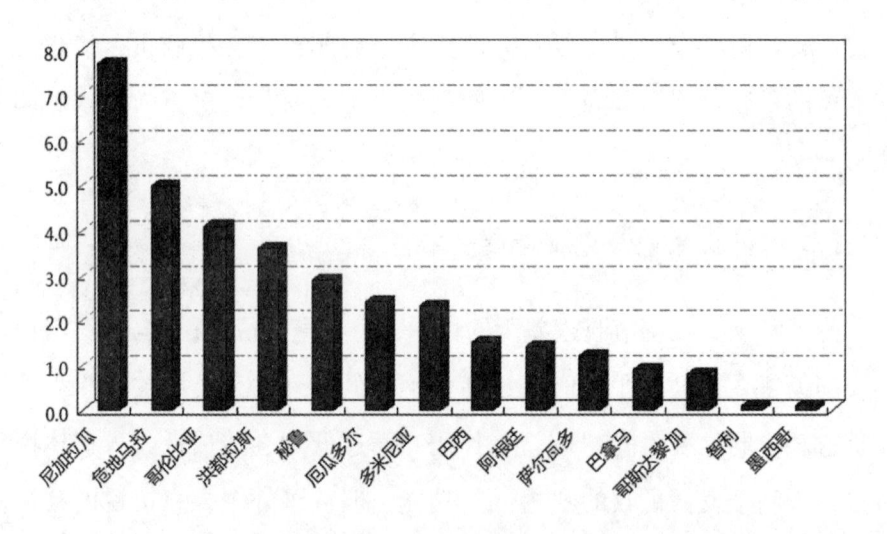

图 5 – 1 拉美国家个人所得税个人宽免额与人均收入的比值（2001 年）

资料来源：JG Stotsky, A Woldemariam. Central American Tax ReformTrends and Possibilities. IMF Working Paper, WP/02/227.

---

① 更准确地说，应当是高收入群体中收入水平相对较低者。

2. 水平过低的教训：以丹麦为例

根据第三章的实证分析结果，丹麦个人直接税的再分配效果很不理想，产生了较明显的逆向调节作用（见表5-4）。特别值得注意的是，丹麦的低收入群体个人直接税负担率在欧盟28国中是最高的，征收个人直接税后，丹麦贫困人口的相对收入状况大幅恶化。究其原因，个人所得税的宽免额水平过低是一个重要因素。[①] 2011年，丹麦个税的个人宽免额为42900丹麦克朗，仅是人均初次分配收入的13.7%。即使加上最高额度的抚养宽免与雇员就业扣除，也只达到人均初次分配收入的23.5%。宽免额水平过低，导致许多低收入者也不得不缴纳个人所得税，进而导致丹麦低收入群体个人直接税负担率远远高于欧盟其他国家。

表5-4　丹麦与欧盟其他国家低收入者个人直接税负担率比较（2011年）

单位：%

国家	贫困人口	10%收入最低人口	国家	贫困人口	10%收入最低人口
丹麦	74.32	79.34	比利时	4.67	3.38
芬兰	36.62	37.59	德国	4.32	4.51
瑞典	36.08	30.62	荷兰	4.20	4.00
英国	33.27	36.15	葡萄牙	3.22	3.54
匈牙利	25.39	25.54	爱尔兰	3.13	2.63
法国	19.57	20.62	斯洛文尼亚	2.82	2.79
波兰	16.89	16.40	奥地利	2.54	0.78
罗马尼亚	12.93	13.79	斯洛伐克	1.98	1.86
拉脱维亚	11.21	10.90	马耳他	1.73	1.43
保加利亚	9.51	9.73	捷克	1.60	1.63
爱沙尼亚	8.46	6.33	克罗地亚	1.41	1.57

---

① 丹麦个人所得税只有税收宽免而无免征额。

续表

国家	贫困人口	10%收入最低人口	国家	贫困人口	10%收入最低人口
意大利	7.76	4.29	塞浦路斯	0.81	0.75
立陶宛	7.30	6.93	西班牙	0.65	0.18
希腊	7.17	6.62	卢森堡	0.60	0.69

资料来源：根据 EUROMOD Statistics 中的相关数据计算。

注：个人直接税负担率＝人均个人直接税/人均初次分配收入×100%。

（三）税率的累进性较弱

1. 法定累进性较弱

前文提到拉美国家个人直接税缺乏再分配能力，导致出现这种结果的原因，除了个税税收宽免水平设置过高外，还包括法定税率累进性较弱，特别是最高边际税率偏低。基于国际比较发现，拉美国家个人所得税的最高边际税率，在所有国家组别中是最低的，比 OECD 国家低了 16 个百分点，与世界平均水平相比也有近 10 个百分点的差距（见表 5-5）。

表 5-5 不同国家组的个人所得税最高边际税率比较

单位：%

拉美和加勒比	东亚太平洋	撒哈拉以南非洲	南亚	OECD	中东和北非
29.0	33.5	38.0	39.5	45.0	48.0

资料来源：E Goñi, JH López, L Servén. Fiscal Redistribution and Income Inequality in Latin America. Social Science Electronic Publishing, 2008, 39 (9): 1558-1569.

2. 法定累进性较高但实际累进性较弱

尽管法定税率累进程度偏低会弱化个税的再分配作用，但法定累进性较高的税率结构，也不一定就能产生良好的调节收入差距效果。一般而言，边际税率水平的提高将助长纳税人的避税与逃税动机，尤其是在高边际税率与大量税收减免优惠相结合的情况下，高收入群体将积极寻求通过税收筹划乃至钻税法漏洞等途径来逃避高额税负。这时，由于税收的流失、税率的实际累进程度就会低于法定水平。这方面的典型例子，是20世纪90年代初期以俄罗斯为代表的某些转轨国家的个税制度。苏联解体后，俄罗斯曾实行过7级超额累进税率，最高边际税率高达60%。但高税率并未带来税收收入的增长，也未有效发挥对高收入者的收入调节作用，结果反倒刺激了富人的偷逃税动机，导致该群体纳税遵从度显著下降，最终造成实际税率的累进性远低于法定税率。

（四）税收优惠与减税政策偏向富人

经过长期发展演变，国外个人直接税制度变得较为复杂，特别是其中的税收优惠、相关条款数量庞大且设计烦琐，在税制较成熟的发达国家，该现象更为突出。虽然许多税收优惠具有普惠性或专门针对弱势群体，但也有不少项目明显偏向于富人，低收入阶层在现实中较少从中受益。资本所得各种税收优惠、私人养老与医疗保险费扣除、捐赠扣除等项目，都属于主要由高收入群体受益的优惠政策。偏向于富人的税收优惠的规模与力度越大，税收的"调高"能力就会越弱。以美国为例，由于富人享受多种形式的减免、扣除税收优惠，年收入超过100万美元的富人，其实际税收负担率往往相当于甚至低于年收入10万美元的中产阶层（王诚尧，2014）。再退一步讲，即使税收优惠本身是普惠的，但如果其设计与操作过于复杂，高收入者也很可能比低收入者更能充分利用这些优惠。①

---

① 因为前者比后者更有动机与条件进行税务筹划，进而更充分地享受税收优惠带来的减税利益。

税收政策不断随着经济环境的变化而变动,自20世纪80年代以来,西方发达国家经历了两次较大的减税浪潮。西方国家的减税政策,在促进经济增长方面发挥了较为积极的作用,但从社会公平角度来看,有不少做法不仅没有起到改善收入分配的作用,反而进一步扩大了贫富差距。以美国里根和小布什两届政府的减税为例,两者的主要内容均包括削减个税最高边际税率、降低资本利得税税率。此外,小布什政府还提高了遗产税的免征额并降低其税率。以上措施很明显是偏向于富人的,收入越高者受益越多。虽然里根与小布什的税改方案中也包括了一些向中低收入群体倾斜的减税举措①,但它们并非主体内容,影响相对较小。从净效应来看,高收入阶层是美国两次减税的最大受益者。其中,里根的减税使超富裕阶层减少税额16%,高于人均水平近10个百分点,而低收入者的实际税率却下降不多甚至略有增加(胡莹,2013)。至于小布什的减税政策,其带来的结果是收入越高者的税后收入增长率也越高(见表5-6)。

表5-6 小布什减税所带来的税后收入增长率

单位:%

最底层20%	第二层20%	中间层20%	次顶层20%	次顶层15%	次顶层4%	顶层1%
0.6	1.2	1.9	2.3	2.4	2.4	6.2

资料来源:[美] 保罗·克鲁格曼:《模糊数学:布什税收政策导引》,中信出版社2009年版。

(五) 直接税征管体系不完善

理论上具有良好收入再分配功能的税收制度,是需要通过税收征管

---

① 如里根加强了对贷款利息扣除、医疗费扣除的限制;小布什增加了儿童税收抵免。

来加以落实和实现的，如果税收征管能力较弱，实际税负就会背离法定税负，税收调节收入差距的实际效果就会受到影响。在大多数发展中国家和转轨国家，税制结构是以间接税为主的，这种税制结构往往造成税收征管体系偏重于法人纳税人，而对于自然人纳税人的征管手段则不太完善。在此情况下，实行再分配功能较强但对征管要求也较高的个人直接税制度，就面临不少困难；即使推进实施，也会由于征管上的缺陷而造成税收流失较多，尤其是高收入群体的税收逃逸现象较为严重，最终的结果是削弱了个人直接税的实际再分配作用。

以财产税征管实践为例，在许多中东欧转轨国家中，财产信息难以充分反映所有应税财产的最新状况，财产转让过程缺乏监管与记录，不同政府机构保存的财产数据也处于相互分割状态而无法有效共享，财产信息收集与整理的费用高昂。薄弱的财产税征管体系，导致财产税改革难以有效推进，制约了财产税收入再分配功能的发挥。牙买加的财产税改革是这方面的一个典型教训。在改革过程中，牙买加始终没有形成数据准确的价值评估清册，登记的土地也仅占评估清册的一半。由于评估清册不准确、登记率低，税务部门无法进行有效的财产估价与征税工作，拖欠、偷漏税现象严重，有近1/3的税收被逃避（邵锋，2006）。征收率偏低的财产税体系，自然难以充分发挥调节收入分配的应有功能。

二、社会保障调节收入差距的不足与教训

（一）社会保险缴款累退

在国外大多数国家，社会保险缴款均呈现累退性，无法起到缩小收入差距的作用。对欧盟国家不同收入阶层社会保险缴款负担率的测算结果显示（见表5-7）：除了个别国家外，10%收入最低人口的平均负担

率高于全部人口的平均负担率，而 10% 收入最高人口的平均负担率却低于全部人口的平均负担率。国外社会保险缴款之所以普遍累退，与制度设计方面的四个特点有关：一是缴款基数较窄。社会保险缴款的基数一般是工薪所得，经营所得与资本所得不纳入其中，而收入越高者工薪所得占总收入比重通常越低。二是大部分国家规定了缴费工资的最高限额，超过上限部分就无须缴费，这样就减轻了工薪收入较高者的社保缴款负担率。三是各国在社会保险缴费率上基本都采用了比例费率的形式，鲜有国家实行累进费率。四是与个人所得税有所不同的是，社会保险缴款并无免征额，也没有宽免额等扣除项目。

表 5-7 欧盟国家不同收入阶层的社会保险缴款负担率比较

单位：%

国家	10%收入最低人口	全部人口	10%收入最高人口	国家	10%收入最低人口	全部人口	10%收入最高人口
比利时	14.5	13.1	12.2	保加利亚	13.3	11.0	9.8
捷克	25.4	13.3	12.7	丹麦	55.1	9.5	7.4
德国	22.9	17.3	11.9	爱沙尼亚	9.4	3.2	3.1
爱尔兰	11.9	7.2	7.6	希腊	32.3	17.7	12.1
西班牙	25.1	7.4	5.8	法国	17.5	13.3	11.0
克罗地亚	29.4	20.0	19.1	意大利	10.7	9.6	8.8
塞浦路斯	8.9	7.3	5.6	拉脱维亚	9.9	10.2	9.7
立陶宛	14.2	9.7	9.2	卢森堡	16.0	13.0	11.1
匈牙利	37.2	21.2	20.0	马耳他	15.6	9.2	6.5
荷兰	39.8	19.6	13.3	奥地利	19.2	17.8	13.7
波兰	34.8	14.3	11.8	葡萄牙	9.6	10.7	10.7
罗马尼亚	2.5	10.6	10.8	斯洛文尼亚	27.5	21.5	20.5

续表

国家	10%收入最低人口	全部人口	10%收入最高人口	国家	10%收入最低人口	全部人口	10%收入最高人口
斯洛伐克	29.9	17.4	15.7	芬兰	8.0	7.5	6.8
瑞典	11.9	6.7	4.9	英国	2.8	7.7	7.5

资料来源：根据EUROMOD Statistics中的相关数据计算。

注：社会保险缴款负担率＝人均社会保险缴款/人均初次分配收入×100%。

（二）社会保障覆盖率低

不同国家社会保障的覆盖率存在较大差异，欧美国家的社保覆盖率相对较高，而非洲、亚洲国家的社保覆盖率则较低。以养老保障为例，到2012年为止，全球仍有57个国家的覆盖率不足20%（国际劳工组织，2014），且绝大多数为亚非发展中国家。在社保覆盖率较低的那些国家，未被覆盖的人群主要是贫困人口、农村居民、非正规就业者等收入水平较低的社会弱势群体，他们无法或较少获得来源于社会保障体系的转移支付，从而显著削弱了社会保障对低收入人群的收入扶持作用。导致社会保障覆盖率偏低的原因较为复杂，其中，特殊的劳动力市场结构与城乡二元发展结构是两个最为重要的成因。在劳动力市场方面，由于非洲、亚洲许多国家非正规就业规模庞大，再加上非正规就业人员的参保经常不具有强制性，导致该群体往往被排除在社保制度之外。在城乡关系方面，发展中国家较广泛地存在二元结构特征，这不仅表现在城乡经济发展水平差距上，也反映在社会保障领域的城乡分治，社会保障在农村地区的覆盖状况一般远不如城市地区。除此之外，种族与性别歧视、财政对低收入者社保缴款补贴不足等因素也在不同程度上制约了一些国家社会保障覆盖面的扩大。

(三) 社会保障制度分割与碎片化

社会保障制度分割是指不同人群适用不同的社会保障制度，从而使一国社保体系呈现分散化、碎片化的状态。尽管在不少国家的实践中，相互分割的社保制度在一定程度上适应了不同类型社会群体的特点，并且从其形成过程来看也是为了填补原有空白、提高社保覆盖率，但这种制度在运行效率与社会公平方面的弊端也很明显。就后者而言，针对不同人群的社保制度，通常在筹资模式、缴费标准、待遇给付上存在不同程度的差异，因此很可能导致收入不平等的进一步加剧。当前国外的社会保障制度分割问题，不仅存在于许多中等收入与低收入国家，部分高收入国家（以法国最为典型）也同样面临这一困境。

埃及案例：埃及的社会保障制度针对不同人群设计，不同职业身份的人被纳入不同的社会保障系统，不同系统之间的制度设计差异较大、苦乐不均特点较为明显。以社会医疗保险为例，参保对象分为政府职员、私营与半国营企业员工、养老金领取者、寡妇、在校生、学前儿童等几类。在缴费环节，私营与半国营企业员工、寡妇的个人缴费率分别是政府职员的2倍与4倍，政府职员缴费负担是相对偏低的。

墨西哥案例：墨西哥就不同社会群体分别进行社会保障立法，形成了分割化的社会保障体制。如三大健康保障制度均有各自的资金来源、风险池、管理机构与服务提供网络，各类制度覆盖的人群只能在各自服务网络内获得服务（张小娟、朱坤，2014）。

法国案例：法国社会保障缺乏统一制度安排，呈现高度碎片化的特征。总体考察，法国社会保障制度分为普遍制度、农业制度、特殊制度、自由职业制度四大类，且每一大类下面又细分为众多小类，相互分割的各类社会保障子系统数量极为庞大。不同制度在各种社会保障参数上有较大差异,例如,与普遍制度相比,特殊制度下的退休年龄更低但养老金水平更高,这无疑有损公平。虽然法国也试图通过改革促进社会保障制度的整合,但因不同社会群体间在观念、利益上的严重分歧而受挫。

(四)社会保障私有化程度过高

社会保障的私有化,是指社会保障在融资模式、服务提供、资金账户、管理方式等方面的私有化。尽管私有化对提高社会保障运行效率发挥了积极作用,但也有可能会对社会公平带来负面影响。特别是当私有化水平过高时,将严重削弱社会保障的再分配功能,甚至导致收入不平等的进一步扩大。美国和智利是社会保障高度私有化的两个典型国家,过高的私有化程度造成社会保障调节收入差距能力的弱化,使社会保障的公平性受到较多损害。

美国社会保障制度的一个特点是私人社会保险计划发展水平高。在养老保险方面,2013年,社会养老保险金仅占14.5%,而雇主养老金和个人储蓄养老金的比重分别高达48.9%和36.6%。[1] 缺乏再分配功能的私人养老金占比较高,削弱了整个养老保险体系对收入差距的调节作用。医疗保险的情况类似,美国是发达国家中唯一一个没有全民医保的国家,在商业医疗保险模式下,私人医保占据了医疗保障的绝对主导地位,2/3以上的国民参加了各类私人医疗保险。不过,由于私人医保缴费较高,导致不少低收入者无经济能力参加。尽管美国设有公共医疗保障体系,但医疗照顾计划仅面向老年人,针对穷人的医疗救助计划在享受资格条

---

[1] 《美国养老金管理模式对我国的启示》,东方财富网,2015年8月21日,http://finance.eastmoney.com/news/1351,20150821540293555.html。

件上也有较多限制①，这使得一部分低收入群体几乎没有任何医疗保障②——既购买不起私人医保，又难以获得公共医疗服务。奥巴马政府所推行的医保改革，有不少举措就是为了弥补私人医保领域的公平性缺陷。

智利从20世纪80年代开始推行养老金私有化改革，建立了强制性的积累型个人账户并取代了原有的现收现付制，同时将个人账户资金交由私营养老基金公司运作和管理，退休后的养老金取决于个人缴费金额及投资增值收益。从结果来看，私有化改革确实在提高国民储蓄水平、减轻社保财务压力、提高社保运行效率方面取得了较为显著的成效。但是，缴费确定型的个人账户本身并无互济性和再分配作用，从而在公平性上暴露出一定的缺陷。不同人群间的退休金收入差距较大，延续了在职期间的工资收入不平等格局，难以实现从高收入者向低收入者的资金转移，一些低收入者的养老金待遇水平过低。公平性的缺失，造成民众对养老金私有化改革认同度的降低，也有不少人因此对个人账户提出批评。直到2008年智利政府再次改革养老金制度、设立零支柱的"团结养老金"后，养老金再分配能力薄弱的问题才有所改观。

(五) 削减社保财政支出使贫困人口增加

20世纪80年代以来，面临社会保障公共支出高速增长带来的财政压力，主要发达国家特别是高福利国家对社保财政支出进行了不同程度的削减——包括控制总量增长与调减部分项目。这种政策调整对居民收入再分配产生了较为明显的影响。首先，由于社会救助与社会福利资金基

---

① 要成为医疗救助计划的受助者，除了符合经济能力条件外，还必须满足身份条件（至少属于25类特殊群体中的一种）。
② 根据美国人口普查局2010年的统计，约有16.3%的美国公民没有任何医疗保障，人数高达4990万，其中绝大多数是低收入者。

本上来源于财政,随着财政对社会保障投入的削减,这两大类项目受到的冲击尤为强烈。对社会救助与社会福利依赖度较高的老年人、失业人员和贫困人口等弱势群体,其可支配收入显著受到负面影响。在削减社保财政支出的过程中,发达国家的贫困和社会排斥有不同程度的增加,贫富差距也趋于扩大。其次,实行福利国家型社保模式的国家(主要是北欧国家与英国),因社会保障融资中财政资金所占比重很高,导致其受社保财政支出削减影响的程度要大于其他国家。在紧缩政策下,2005—2012年瑞典的老年贫困率几乎翻了一番(周弘、彭姝祎;2015);从2002年到2015年,丹麦贫困人口数量增长超过1倍,政府削减社会福利是主因之一[①];至于英国,在2013年有40万家庭因福利削减而成为贫困人口[②],将2015年与2005年进行比较,10%收入最低人口所获得的人均转移性收入从775欧元减少到了699欧元[③]。

(六) 家计调查带来了羞辱效应

以家计调查为基础的最低生活保障等社会救助项目,有利于将救助资金更加精准地分配到低收入者等弱势群体手中。但社会保障部门在进行家计调查时,要求申请者提供收入与财产等方面的信息以证明其经济条件确实低于相关标准,这一过程往往对申请者具有羞辱性。在他人眼中,受助者也由此而被贴上了身份标签,容易受到公众舆论的嘲讽或指责,这无疑使接受救助的穷人感到难堪,并可能因此而放弃申请救助,最终使社会救助的减贫效应在实践中打了折扣。例如,美国补充收入保障计划的领取率

---

① 《丹麦贫困人口翻番》,环球网,2017年4月19日,http://world.huanqiu.com/hot/2017-04/10502887.html。
② 《英国削减福利致贫困家庭和领救济人数激增》,载《人民日报》2014年6月5日。
③ 根据EUROMOD Statistics中的相关数据计算。

只有60%左右（孙洁、孙守纪，2013），尽管阻碍领取率提高的原因较为复杂，但家计调查引起的羞辱，是其中不可忽视的因素之一。

第三节　国外收入再分配政策实践中公平与效率关系的处理

尽管收入再分配的主要目标是缩小收入差距、增进社会公平，但也不能忽视经济效率因素。如果一种收入再分配体系使收入不平等程度大幅降低的同时，却对市场经济运行带来了极大的扭曲，那么这种再分配制度也不能说是合理的。然而，收入再分配本质上是政府运用非市场手段对市场分配结果进行调节，在此过程中，对经济效率带来一些负面影响是难免的，只不过这种负效应的程度会有所差异。在国外收入再分配政策的长期实践中，如何处理好公平与效率间的关系始终是一个重大挑战。各国均在积极探索以尽可能小的效率损失为代价、换取尽可能大的收入平等。实施收入再分配过程中，公平与效率的矛盾在四个方面表现突出，分别为累进个人所得税对劳动供给的抑制作用、免费或低价医疗服务带来的医疗资源低效利用、失业金助长失业者消极待业的倾向、最低生活保障可能引发的"救助依赖"，下面重点考察国外是如何应对以上四大问题的。

一、选择累进程度适中的个人所得税税率结构

税率结构是影响个人所得税收入再分配能力的最重要因素之一。当前世界上绝大多数国家之所以在个人所得税上采用累进税率，是因为这种税率结构有助于调节收入差距。一般而言，提高最高边际税率、增加税率档次能够增强个人所得税对收入差距的调节作用，但同时也容易给

劳动供给与经济增长带来更多的负面影响。因此，在国外个人所得税制的长期实践中，当边际税率过高、税率档次过多带来过重的税收超额负担与过多的经济效率损失时，政府往往会做出改革税率结构的选择，适当降低税率结构的累进性。

这方面的典型例子就是20世纪80年代与21世纪初的两轮全球性个人所得税减税浪潮。20世纪70年代，美国和其他一些西方发达国家普遍陷入"滞胀"状态，个人所得税税率累进度过高也在一定程度上对经济增长产生了较为明显的抑制作用。为此，美国在20世纪80年代对个人所得税进行了重大调整，大幅度地降低最高边际税率并同时减少税率档次。改革之后，最高边际税率由75%下降至28%，而税率档次由15级压缩到了2级。除了美国外，其他发达国家也采取了类似的举措。从20世纪80年代中期到90年代中期的10年里，OECD成员国中的绝大多数国家削减了最高边际税率，平均削减幅度在10个百分点以上，并有16个国家减少了税率档次，平均从10个以上降到不足6个（李波等，2011）。各国实施上述改革的基本目的，就是通过降低税率的累进程度，减少个税对市场效率的损害，进而促进经济的复苏。21世纪初，随着全球经济竞争加剧，世界各主要国家为了增强本国经济的竞争力，纷纷推出了自己的减税方案，再一次掀起了减税浪潮。其中，个人所得税依然是列入减税方案的主要税种之一，而削减最高边际税率又是各国较为普遍的做法，如德国将最高税率从53%降低到48.5%、法国将最高税率从54%降低至44%等。该时期各国最高边际税率的削减，在很大程度上是为了在全球化加速发展的背景下打造有利于吸引高素质人才的税收环境，通过更低的个人所得税税负与他国争夺国际高端人才。但是，两轮减税浪潮只是减弱了累进税率的累进程度，但并未摒弃累进税率结构，个人所得税依然保持了一定程度的再分配能力。

二、改革全民免费医疗服务体系以增进效率

在实行国家医疗保障模式的国家，全体国民都能够较平等地享受国家统一规定的免费或低价医疗服务，这种医疗保障模式的覆盖面广、公平性强，使无力支付医疗费用的贫困人口也能获得基本的医疗服务。然而，由于不收费或收费很低，免费医疗体系在效率上存在较多弊端，主要表现为公立医疗机构数量不足且资金短缺、医疗资源供求紧张、医疗服务质量较低等。以英国的全民医疗服务体系为例，根据2011年一项关于OECD国家的比较研究显示，英国患者看病等候时间相当长，当天或隔天能见到医生护士的比例只有70%，专科预约需要等待两个月以上的比例达到19%，有近85万患者排队等待进NHS的医院。除了英国外，世界上其他实行国家医疗保障模式的国家，同样普遍存在免费医疗体系的低效率现象。

针对上述问题，各国主要从两方面入手采取应对措施：一是对全民免费医疗制度本身进行变革。例如，自20世纪90年代以来，英国通过多种途径来改善国家医疗服务的效率，具体做法包括引入"内部市场"，实行医疗卫生服务买办分离，建立以患者为中心的医疗费用偿付机制；新建快速就诊中心与24小时医疗热线电话，增加患者就医的选择性，并做出提高服务效率的具体承诺；将更多权力下放给全科医生，建立全科医生联盟来管理医疗费用等。二是通过发展私人医疗保险来提高医疗服务的运行效率。为了满足患者对医疗服务不同层次的需求，缓解公共医疗资源供求紧张局面，不少实行国家医疗保障模式的国家越来越重视发展私人医保、鼓励私人机构开展医疗服务。购买私人医保后，参保者在患病时就可选择去就诊人数较少的私立医院看病，尽管费用较高，但能显著减少等待时间，并获得质量更高的医疗服务。在英国，目前大约有

13%的居民购买了私人医疗保险。

三、构建收入保障与促进就业并重的失业保障制度

国外失业保障在保障失业者基本生活方面发挥了积极作用,但在制度运行过程中,也产生了抑制就业积极性的影响,尤其是在那些实行高等失业保护的国家。因此,在20世纪末,大部分OECD国家均削减了失业保障制度所提供的保护力度,并通过一些特定的制度设计,尽可能避免失业者获得失业金后的消极待业现象,进而实现收入保障与促进就业并举的目标。

举措之一是规定领取失业金的资格条件。不少国家限定仅对非自愿失业者发放失业金,而对自动放弃工作造成的失业,失业保险不提供保障;至于非自愿失业者,如果不接受职业培训或拒绝接受合适的工作安排,也不能享受失业金。

举措之二是保持适度的失业保险金水平。合理的失业保险金水平,既要满足失业者的基本生活需要,又要防止失业者丧失就业积极性。作为对两者进行平衡的结果,当前国外失业保险一般都低于最低工资标准,发达国家通常保持在失业前工资50%—60%的水平,而发展中国家多保持在40%—50%。

举措之三是限定失业保险金的领取期限。失业金领取时间过长,容易导致失业者对失业金产生过度依赖,并加大其重返劳动力市场的难度。[①] 所以,国外现行失业保障制度基本上都规定了领取失业金的最长期限。还有部分国家将失业保险待遇同失业期长短挂钩,失业时间越长给付标准越低,以此激励失业者尽快再就业。

---

① 因为失业时间越长,失业者的惰性往往越强,而且原来劳动技能退化得也越多。

举措之四是将部分失业保险金用于促进再就业。例如，德国《就业促进法》要求在失业保险基础上建立起就业服务体系，这样，失业保险金除了用于对失业者提供收入保障外，还用于职业介绍、转业培训等就业服务方面，其中后者所占比重达到了40%左右。

四、低保在保障底线公平同时注重激励就业与提升人力资本

实行最低生活保障能够为贫困人口提供底线水平的生活保障，有助于增进社会公平。但如果保障过度，则会导致受助者好逸恶劳。综观国外低保实践，在对贫困人口给予必要经济援助同时避免"救助依赖"的主要做法有以下几种。

一是实行就业审查。从20世纪80年代开始，发达国家在低保政策实施过程中陆续引入并强化了就业审查机制，要求低保受助对象必须努力寻找工作，积极与政府管理的职业介绍机构保持联系并接受适当的工作安排。如果没有通过就业审查，就无法获得低保金或者将被减发低保金。

二是将最低生活保障金设置在相对较低的水平。综观OECD国家的低保金水平，全部低于中位收入的60%（即相对贫困线标准），就2014年的平均值来看，单身者、夫妇的低保金分别仅为中位收入的26%和28.6%，远远低于贫困线。在此情况下，受助群体仅依靠低保金只能维持最基本的生活，从而减少补助对劳动供给的负面激励。

三是设置劳动所得税收抵免（EITC）。EITC是一种具有返还性的税收抵免，本质上是面向参加就业的低收入群体的转移支付。当劳动收入低于一定水平时，收入越高，补助额也越高；当收入达到一定水平后，补助额保持稳定；当收入超过一定标准后，补助额开始逐步减少直至为零。可见，对低收入劳动者而言，补助金额是与劳动收入正相关的，这种机制设计就能起到促进劳动力供给、激励就业的作用。正是由于兼具公平和效率的特点，EITC在不少国家受到欢迎，如在美国该制度就同时获得共和党与民主党的支持。

四是引入收入豁免制度。在采用补差式发放的情况下，低保金会随着受助对象自有收入的增加而等额减少，这将导致低保对象就业积极性降低。特别是那些技能不高的受助对象，参加工作所能获得的收入通常很低，有时甚至低于低保金标准，当劳动收入与低保金此长彼消时，他们即使参加工作也未必能真正增加最终收入。可见，最低生活保障在为贫困人群提供经济援助的同时，也会形成这些人离开救助的门槛，从而容易形成"失业陷阱"。针对该问题，新西兰、澳大利亚、美国等发达国家在最低生活保障中引入收入豁免制——即设置一条收入豁免线，低保对象参加就业所获得的收入，在豁免线以下的部分不在低保金中扣减，只有高于豁免线的超额收入才进行扣减。这种做法对提高有劳动能力低保对象的就业动机和就业率起着积极作用。

五是实施有条件的现金转移支付计划。对于贫困人口直接给予现金救助虽然有助于提高其收入水平、缓解其经济困难，但较难从根本上消除贫困，并且容易使贫困人口产生"救助依赖"。为此，国外一些国家在低保政策设计中，不仅关注满足救助对象的基本生活，同时也注重提高其人力资本，以实现长期内消除贫困的目标。在这方面，拉美国家的有条件现金转移支付计划（Conditional Cash Transfer）比较具有代表性，这种计划的主要特点是在给予贫困家庭现金救助的同时要求其采取一定的行动进行人力资本投资，包括保证儿童营养、让孩子接受教育、定期接受医疗服务等。例如，巴西在2003年启动的"家庭补助"项目，规定领取补助要满足两个前提条件：在教育方面，要求5岁至15岁以及16岁至17岁孩子的上学出勤率分别达到85%以上和75%以上；在医疗卫生方面，要求7岁以下儿童定期接种疫苗、孕期和哺乳期妇女接受定期检查等。如果受助者不能满足以上条件，则将被扣减救助金甚至取消受助资格。"家庭补助"项目实施后，确实取得了一定的成效，如受助家庭中适龄孩子的入学率有所提升，而且受助时间越长提升幅度越大（Glewwe & Kassouf, 2008）。对于贫困人口而言，有条件现金转移支付计划不仅在再分配阶段提高了其可支配收入水平，而且帮助他们增强了在初次分配环节获取市场收入的能力，使公平与效率目标同时得以实现。

第四节 国外收入再分配政策实践带来的启示

一、保持适宜水平的收入再分配规模

收入再分配规模是影响收入再分配效果的主要因素之一。较大的再分配规模，意味着在对初次收入分配格局进行调整的过程中可动用的资金量较大，从而更有可能在缩小收入差距上取得明显成效。发达国家普遍较高的收入再分配规模，为有效发挥再分配对收入差距的调节作用奠定了良好的基础条件；反观许多发展中国家，收入再分配效果之所以不佳，很重要的一个原因就是收入再分配规模偏小，缺乏足够的转移性资金来改变初次分配格局。收入再分配的主体包括政府、家庭、民间组织等，但在现代社会中，政府是最重要的再分配主体。因此，扩大收入再分配规模，最关键的是扩大由政府主导的收入再分配资金的规模。然而，收入再分配规模也不是越高越好：一方面，再分配成效是多种影响因素共同作用的结果，如果其他因素对降低收入不平等的作用较差，即使再分配规模较高，调节收入差距的效果也不会理想；另一方面，过大的再分配规模，很可能使企业与居民的税费负担过重，影响市场资源配置机制的正常运转,进而损害经济效率。一些实行高税收—高福利的发达国家,就曾经严重受困于这一问题。因此,收入再分配规模应当保持在相对适度的水平,既能为调整初次收入分配格局提供较充足的资金,又不至于对经济效率带来较大的负面影响。至于适度规模的具体水平,要结合不同国家的实际国情确定,并无统一标准。

二、实现个人直接税课税的广覆盖

个人直接税课税的广覆盖包括征税范围广覆盖与征税环节广覆盖两层含义。从征税范围角度看,尽可能将个人各类所得与财产纳入课税范围,是个人直接税有效调节收入差距的一条基本国际经验。课税范围宽窄上的差异,也成为各国个人直接税收入再分配效果差异的重要成因之一。以个人经常财产税为例,发达国家由于征管能力较强等原因,多选择一般财产税,公平性较强;而发展中国家囿于税源不充分、征管欠完善等因素,较多选择个别财产税,使不少财产游离于课税范围之外,削弱了财产税对富裕人群收入的调节作用。当然,征税范围广覆盖并不意味着对任何所得与财产全部进行课税,出于社会公平和减轻低收入者税负考虑,对社会救助金等实行免税是国际上的通行做法。再从征税环节角度看,课税全面覆盖个人收入与财产运动各环节,也有利于增强个人直接税的收入再分配功能。一般而言,居民个人经济活动[①]中涉及收入与

---

① 居民个人的经济活动大致可以用如下流程进行描述:居民从各种渠道取得收入,这些收入一部分用于支付日常消费支出,一部分用于动产与不动产投资,剩余的收入则存入银行作为储蓄。有价证券投资能产生股息红利,而银行储蓄能带来利息。投资和储蓄均是流量,它们逐步积累形成一定规模的财产存量。在保有财产的过程中,居民会将一部分财产的使用权让渡出去,从而获得财产租赁收入。此外,居民还可能将财产所有权(或使用权)转让他人,如果所有权的转让是有偿的,那么通过转让就能获得增值收益(资本利得)。

财产的环节，主要是收入取得、投资、储蓄、财产持有、财产转让等。个人收入差距是通过以上几个环节形成的，也同样通过以上环节而表现出来。综观国外个人直接税实践，特别是在税制较成熟的发达国家，个人直接税依靠合理的税种与税目设置，基本上比较全面地覆盖个人收入与财产运动的各个环节。这样，个人直接税就能够全方位地对居民收入差距加以调节，从而减少税收再分配的盲区。

三、采用合理的直接税税率结构形式

税率结构的选择直接关系到个人直接税的累进性状况，进而对个人直接税的收入再分配效应产生重大影响。国际经验表明，多档次超额累进税率与差别比例税率有助于个人直接税保持较好的累进性，其中，前者更适用于个人所得税，而后者更适用于个人经常财产税。在税率结构设计中，最高边际税率水平与适用于该税率的应纳税所得额下限这两个参数，对调节收入差距具有特别重要的意义。如果最高边际税率过低，个人所得税调高作用将受到明显制约；至于适用最高边际税率的应税所得额下限，应保持相对较高的水平，既要避免因下限偏低使中等以下收入者被课征最高档次税率，也要防止因下限过高而导致部分收入很高人群仅被课征较低档次税率。更全面地看，采用什么样的税率结构形式，除了考虑再分配的公平性外，还应考虑征管成本与经济效率因素。税率结构越复杂、税率档次越多，税务核算过程就越烦琐，由此可能增加税收征管的难度与成本。而边际税率过高，则容易引起显著的替代效应、过度扭曲市场机制，对经济效率带来较大损害。因此，税率结构的合理选择，需要综合考量公平、效率与成本等多重目标。另外，税率结构的设计与改革，还需要结合税基等其他税制要素进行。在一些发展中国家和转轨国家，由于个人所得税的税基偏窄，不得不将税率设置在较高水

平，但过高税率又引发了较多的避税和偷逃税，使税制运行陷于困境，这启示我们要将税率调整与税基优化结合起来。从20世纪80年代以来全球个人所得税制改革的基本趋势来看，在拓宽税基的基础上适当降低税率，能较好地兼顾公平与效率，同时对促进税收收入增长也是有益的。

四、注重个人直接税税收优惠政策的公平性

国外实践表明，个人直接税的税收优惠既有可能起到减轻中低收入群体税收负担、促进公平再分配的作用，也有可能主要使高收入群体受益，进而导致收入差距的进一步扩大。因此，在制定税收优惠政策的过程中，要注重对其进行公平性审查，尽可能向低收入者倾斜，至少要避免出现逆向收入再分配的现象。

基于对国外实践的考察，在个人直接税领域，以下一些税收优惠类型更偏向于富人，低收入者从中获益较少，容易导致收入不平等的扩大：一是对财产所得尤其是资本利得项目的减免税优惠；二是个人所得税中的部分纳税扣除或税收抵免项目，如商业保险费、房贷利息、保健支出、慈善捐赠等；三是不动产税的税收优惠。对于上述税收优惠政策，应加以合理限制，防止其过多与过度。为了更好发挥个人直接税优惠政策调节收入差距的作用，可参考借鉴的有益国际经验主要包括：设定纳税扣除与税收抵免的上限、限制高收入群体享受税收优惠、建立对高收入群体的最低税负制，这三条经验适用于"调高"；引入可返还税收抵免、专门对低收入者给予减免税和延期纳税优惠，这主要针对"提低"。另外，设置合理的免征额与税收宽免额、纳税扣除与税收抵免随收入增加而减少等做法，可在总体上增强税收优惠的纵向公平性。

五、促进直接税税制与直接税征管的协调

在税收征管上，直接税与间接税存在很大不同，具体表现在税源可监测性、征税对象、税款核算、纳税意识等诸多方面，上述种种差异使得直接税的征管难度通常要高于间接税。并且，直接税比重越高、直接税制设计越复杂，直接税征管的难度也就越大。在大多数发达国家，高度发达的经济社会发展水平与良好的政府管理能力使其构建起完善的直接税征管体系，对个人直接税的征管能力较强，从而为建立以直接税为主体的税制结构和实施较为复杂的直接税税制提供了重要的支撑条件。但在发展中国家和转轨国家，由于征管手段与技术、征税人员素质、纳税人纳税意识等方面的不足，直接税征管体系往往不够健全，直接税征管效能相对较低。可是，某些国家为了追求"理想税制"而选择了过度超前于实际征管水平的直接税制模式，还有部分国家的直接税征管改革步伐明显滞后于直接税制度改革进程，最终造成个人直接税的征管效率低下、再分配作用难以正常发挥的结果，这些教训是应当引以为戒的。理论上具有良好再分配功能的直接税制，如果征管体系无法提供有效支持，实践中也较难在调节收入差距上取得实效。此时，选择与征管水平相匹配的"次优税制"，尽管其名义累进性较弱些，但因征管效能较高，对收入再分配的实际效果很可能优于理论上的理想税制。当然，受到征管约束而被迫选择"次优"的直接税制，虽然有利于税制与征管的协调，但这毕竟是低水平的协调。从长远来看，还是要通过征管体系的不断完善，使税制与征管在更高水平上实现相互匹配，当然，这可能会是一个较为漫长的过程。

六、稳步扩大社会保障的覆盖面

各国社会保障制度的收入再分配效果差异，与不同国家间社会保障的覆盖面大小差异有一定的联系。考察与总结国外实践，可以得到的一个基本结论是提高覆盖率水平有助于增强社会保障调节收入差距的功能。由于未被社会保障覆盖的人群往往是收入相对较低的各类弱势群体，扩大社保覆盖率将促进该群体获得更多转移性收入、提高可支配收入水平，从而使社会保障更好地发挥"提低"作用。深入分析社会保障覆盖率跨国差异的成因可以发现：社会保障的覆盖面大小尤其是实际覆盖率的高低，有其内在的形成与演变规律，并非简单地通过人为制度设计就能决定的。经济发展水平、非正规就业比重、农村人口占比、财政支持力度、行政管理能力等诸多因素均会对社保覆盖面产生影响——这些因素中，有些可直接通过政府政策调整加以改变，但也有不少是政府无法直接干预的，属于经济社会发展中的客观因素。所以，扩大社会保障覆盖面较难一蹴而就，应当遵循内在规律稳步推进实施。即使在社会保障覆盖率较高的发达国家，覆盖面也是分阶段逐步扩大的，而不是在制度初创时就实现了高度覆盖。

总结国外的经验做法，扩大社会保障覆盖面的主要路径包括：引入与发展非缴费型的社会保障项目，将现有社保制度延伸、扩展到全体雇员或国民，为低收入者参加社会保险提供财政补贴，为农村部门、城市非正规就业部门建立专门的社会保障制度等。另外，国外实践表明，提高社会保障覆盖率，还需要特别重视行政管理能力与制度运行效率因素。许多发展中国家在向非正规部门拓展社会保险时采取了比较谨慎的态度，在企业规模、地域范围、人群类型等方面做了不少限制性规定。之所以采取这种做法，主要原因是这些发展中国家的社保制度管理水平有限，而较高的社保覆盖面要求较强的制度管理能力做支撑,为了保持良好的制度运行效率、避免管理成本过高,只能实行有限度的扩面。事实上,不仅是发展中国家,一些发达国家出于实施绩效上的考虑,也将自雇者与非正规就业人员排除在社会保险体系外。

七、提高社会保障制度的整合性

综观国外社会保障制度的发展历史,从分散走向整合是一个共性特点。在大多数国家,一般是先后针对不同社会群体建立社会保障项目、形成差异化的制度安排,然后再逐步将相互分割的碎片化制度整合为一个整体的,其目的在于增进社会保障的公平性并提高运行效率。总结国外整合社会保障制度的实践做法,既有值得学习的有益经验,也有一些需要吸取的教训,归纳起来主要有以下四点启示。首先,政府是推动社会保障制度整合的主导力量,无论是制度设计、利益协调还是财政补偿,都需要依靠政府力量才能解决。因此,重视和加强政府作用是促进社会保障制度有效整合的基础。其次,要避免碎片化制度体系的长期固化。从国外实践来看,相互分割的社保制度体系持续时间越长,整个社会对这种体制的路径依赖就越强,这会加大整合的难度,甚至导致改革难以推进实施。再次,能否破除利益集团阻力是决定整合成功与否的关键因素。社会保障制度的整合通常会带来利益分配格局的重新调整,部分群体的相对利益会有所减少,他们由此会通过各种途径阻挠制度的一体化,法国整合社会保障制度受挫失败就是这方面的一个典型教训。最后,整合社会保障制度不能简单理解为就是实现社会保障制度的完全统一和无差别化。除了在全民范围内统一制度外,形式相对独立但待遇无实质差异的制度以及统分相结合的制度,也同样可以具有较高的制度整合性。

八、处理好社会保障中政府与市场的关系

在现代社会保障制度中，政府承担着重要的责任，对维护社会保障公平性起着决定性作用。但实践表明，如果政府对社会保障包揽过多、干预过度，也会带来各种负面影响，如财政负担过重、居民对福利过于依赖、社保运行效率低下等。在发达国家尤其是北欧等高福利国家，上述问题曾一度显得非常突出。可见，政府在社会保障领域承担无限责任是行不通的。20世纪80年代以后，以欧洲和拉美国家为代表，开始了一场较大规模的社会保障制度改革，其基本思路是通过削减福利支出、设立个人账户、发展私人保险等措施，在社会保障中引入市场机制、推动私有化，减少对政府的依赖。从结果来看，社会保障市场化、私有化改革在提高经济效率、减轻财政压力方面的确取得了较为明显的成效，但在此过程中所出现的一些负面效应，特别是社会公平性与收入再分配上的缺陷，也值得我们反思。过度的市场化与私有化，可能会严重损害社会保障对收入分配的调节功能，甚至导致社会贫富差距的扩大。

如何才能处理好社会保障中的政府与市场关系，使社会保障在保持公平性的基础上提高运行效率并实现可持续发展？针对这一问题，世界各国近三十多年来进行了持续的探索与改革。到目前为止，已形成了一些基本共识和经验启示：首先，社会保障应建立国家、企业、个人的责任共担机制，政府大包大揽或全盘市场化皆不可取。但政府在社保中的主导地位不可动摇，只有坚持政府主导地位才能确保社会保障的公平性。即使是在社会保障中引入市场机制、动用社会力量，也需要由政府加以制度规范、合理引导和有序组织。其次，政府与市场是相互补充、相互促进、相互融合而非简单替代的关系。例如，世界银行所提出的养老金"五支柱"发展模式，就体现了相互补充的关系；印度通过给予私营医疗

机构优惠政策，要求其向穷人提供一定数量的免费医疗服务，则体现了政府政策与市场力量的相互融合。再次，低收入群体的社会保障应由政府承担主要出资责任。低收入群体由于经济条件限制，无力购买私人保险，在强制性社保缴费上也存在一定的困难。因此，政府需要通过设立非缴费型社保、社会保险缴费补贴等方式，将该群体纳入社会保障范围，并保证其能获得基本的社会保障待遇。智利在实施养老金私有化改革一段时期后又设立了团结养老金，就是弥补低收入群体社会保障领域政府责任缺位的体现。最后，要积极探索建立公平与激励相容的社保机制，既能发挥政府的收入再分配作用，又有助于提高市场经济效率。在这方面，国外也有不少经验做法具有一定的启示借鉴作用，如从"社会福利"转向"工作福利"、实行有条件现金转移支付等。

九、完善社会保障分级财政体制

不同地区地方政府间的财力差距，很可能造成各地社会保障水平的差距，进而削弱社会保障的收入再分配功能。国际经验表明，完善的社会保障分级财政体制，有助于降低因财力因素而导致的地区间社会保障待遇的不平等程度。考察国外中央与地方间社会保障支出划分状况可以发现，在大部分国家，中央政府所承担的社保支出比重，要远远高于地方政府。社会保障公共支出以中央财政为主，是国外社会保障财政支出划分的基本格局，这有利于促进区域社会保障的均等化。中央政府的社会保障支出，一部分属于本级支出，还有一部分通过社会保障转移支付途径转移给地方政府使用。中央的社会保障转移支付，对缓解社会保障财政资金的横向不平衡具有重要意义。综观国外较完善的社保财政转移支付制度①，通常具有两大共性特征：特点之一是通过规范化的公式确定社会保障转移支付资金的分配，尽可能排除人为的讨价还价因素；特点之二是公式设计以均等化为目标导向，使转移支付资金向财政能力较弱的地区倾斜。这两大特点无疑增强了财政转移支付的公平性，使地区间社会保障待遇差距得以控制在合理范围内。此外，还有一些国家建立了横向财政转移支付体系，实现了财政资金从较富裕地区向较贫穷地区的直接转移，如德国的州际横向均等化转移支付、巴西的州际税收转移等，这种做法也值得参考借鉴。

十、发挥不同收入再分配政策的耦合作用

不同的收入再分配政策工具，既有相对独立性，又有密切关联性。国外不少国家在运用收入再分配政策调节收入差距的过程中，灵活地将各种再分配政策工具结合在一起加以运用，注重政策间的相互协同，在拓宽政策操作空间的同时也增强了政策实施效力。不过，也有一些国家在不同政策工具耦合方面有所不足，没有发挥好政策合力作用，削弱了收入再分配体系的整体再分配功能。

总结国外的实践经验与教训，收入再分配政策有效耦合的关键点主要有：一是个人所得税与个人经常财产税的耦合。美国通过"断路器"制度来减轻低收入家庭的财产税负担，在该制度下，地方政府设定财产税占家庭收入的一定比例为显示财产税过重的标准，超过该标准的财产税可以用来抵扣个人所得税或退税。可见，"断路器"制度使过重的财产税负在个人所得税上获得了抵减，避免低收入家庭个人直接税的总税负

---

① 也有一些国家并未设立专门的社会保障转移支付（如德国等），此时，中央对地方的社会保障支出补助实际上融合在一般转移支付当中了。另外，在这种情况下，中央社会保障实际支出在统计上会被低估。

过高。二是社会救助与社会保险、社会福利的耦合。英国和德国均未设有专门的医疗救助，但两国在法定医疗保险框架内对弱势群体进行特殊制度安排来减轻其医疗负担，这些倾向性的制度安排在本质上具有社会救助属性，可视为内嵌在社会保险中的社会救助；澳大利亚的医疗救助（包括医疗照顾安全网、药物福利计划安全网两部分），则是建立在全民医疗照顾制度和药物福利计划基础上的。英、德、澳等国的经验表明，社会救助的实施，可以与社会保险或社会福利相对接乃至融合。三是社保类保险与个人所得税的耦合，具体表现在养老保险金课税与保险费扣除（或抵免）两方面。老年人之间也存在较大的收入差距，是否对养老金收入课征所得税，直接影响到再分配体系对老年人收入差距的调节作用。因此，有不少国家将养老金纳入个人所得税的征税范围，这有助于降低老年人间的收入不平等。允许社保类保险费在个税中扣除（或抵免）是国外的通行做法，但由于各国具体规定不同，导致在公平性上存在较大差异。一般而言，合理规定保费扣除的上限、对私人保险实行比社会保险更严格的保费扣除限制，对促进收入再分配是有益的。

第六章

我国收入再分配政策及其对居民收入差距的调节作用

我国成体系的收入再分配政策的建立时间相对较短,但自20世纪90年代以来发展较快,经过二十多年的改革,个人直接税与社会保障制度日趋完善。通过收入再分配政策的调节,我国居民收入差距有一定程度的缩小。然而,与发达国家相比,政策效果还不够明显,调节收入分配的力度偏弱。我国收入再分配效果不佳的直接原因主要是收入再分配规模较小、经常转移资金分布不合理以及收入再分配覆盖面有空白,而上述问题的根源在于各项收入再分配政策设计与实施上的缺陷与不足。此外,还有一些外部因素也弱化或制约了收入再分配政策功能的有效发挥。

第一节 我国收入再分配政策的沿革与现状

一、我国个人直接税制度的沿革与现状

(一)个人所得税制度

我国个人所得税制度于1980年正式建立,近四十年来,其发展演变

呈现以下几大特点。一是从分立走向统一。1980年建立的个税以外籍人员为征税对象，到了1986年，又开征了针对中国公民的个人收入调节税与针对个体工商户的城乡个体工商户所得税。1994年，我国将上述三个税种合并为统一的个人所得税，同时适用于本国与非本国公民。二是征税范围逐步扩大。1980年的个税，应税所得仅包括工资薪金所得、劳务报酬所得、利息股息与红利所得、财产租赁所得、特许权使用费所得等；1986年开征的个人收入调节税将承包转包所得、稿酬所得、专利权转让所得等纳入征税范围，而个体工商户所得税则对经营所得进行课税；至1999年，开始对个人储蓄存款利息征税。三是免征额经历四次提高。1993年将免征额从原来的400元/月提高至800元/月，2006年、2008年和2011年分别提高至1600元/月、2000元/月和3500元/月。四是税率结构发生多次调整。1994年"三税合一"时，将工资薪金所得改为适用5%—45%的九级超额累进税率[①]，对生产经营所得和承包经营、承租经营所得变为课征5%—35%的五级超额累进税率[②]，对其余所得征收20%的比例税率。1999年，工资薪金所得改征5%—40%的八级超额累进税率。2011年，工资薪金所得适用税率再次调整，改为3%—45%的七级超额累进税率。同时，生产经营所得和承包承租所得的税率级距也做了调整。总体而言，减少税率档次、降低最高边际税率是税率结构调整的基本趋势。五是建立自行纳税申报制度。从2006年起，要求年所得12万元以上的纳税人必须自行纳税申报，这是加强对高收入群体个税征管的重要举措。六是收入规模持续增长。个人所得税在全部税收中所占的比

[①] 原来，个人所得税中的工资薪金所得适用5%—45%的七级超额累进税率，个人收入调节税中的工资薪金所得适用20%—60%的五级超额累进税率。

[②] 原来，个人收入调节税中的承包、转包所得适用20%—60%的五级超额累进税率，城乡个体工商户所得税对生产经营所得征收7%—60%的十级超额累进税率。

重,在1995年仅为2.17%,此后逐步提高,至2015年已上升到了6.89%,地位日显重要。

目前,我国个人所得税采用分类课税模式,征税项目共设有11个,包括:工资薪金所得,个体工商户生产经营所得,对企事业单位的承包经营和承租经营所得,劳务报酬所得,稿酬所得,特许权使用费所得,利息、股息和红利所得,财产租赁所得,财产转让所得,偶然所得,其他所得。其中,工资薪金所得适用3%—45%的七级超额累进税率,个体工商户的生产经营所得、对企事业单位的承包经营和承租经营所得适用5%—35%的五级超额累进税率,其他所得均适用比例税率。在征收管理方面,采用源泉扣缴和自行申报相结合的办法,以前者为主。

(二) 个人经常财产税制度

我国属于个人经常财产税范畴的税种主要是房产税、车辆购置税、车船税等。改革开放后的较长一段时期,我国对内资企业和国内个人征收房产税,而对外资企业和外籍个人征收城市房地产税。2009年起,我国废止了城市房地产税,对外资企业和外籍个人统一征收房产税,这标志着房产税制的内外统一。现行房产税的征税方式有两种:一种是以房产原值一次减除10%—30%以后的余值为计税依据,适用税率为1.2%;另一种是以房产租金收入为计税依据(对出租的房产),适用税率为12%。不过,按照房产税暂行条例,个人所有的非营业用房产(即个人住房)是免予征收的。2011年1月28日,上海、重庆两地开始试点个人住房房产税。其中,上海的征税对象为本市居民新购房且属于第二套及以上住房和非本市居民新购房,税率暂定0.6%;重庆的征税对象是独栋别墅、高档公寓以及无工作户口无投资人员所购二套房,税率为0.5%—1.2%。到目前为止,房产税的收入规模仍较小,2015年,其占全部税收收入的比重仅为1.64%。我国的车辆购置税是对境内购置车辆的单位和个人征收的一种税,它由车辆购置附加费演变而来。车辆购置税以应税车辆的计税价格为计税依据,税率为10%。2015年,车辆购置税在全部税收中所占的比重是2.24%。我国的车船税于2007年正式开征,其前身是对内资企业和国内个人征收的车船使用牌照税以及对外资企业和外籍个人征收的车船使用税。现行车船税分乘用车、商用车等6个税目计征,一般采用定额税率。

二、我国社会保障制度的沿革与现状

(一) 社会保障制度总体

1986年,我国在国家"七五"计划中首次提出了社会保障的概念。1993年十四届三中全会通过的《关于建立社会主义市场经济体制若干问题的决定》,提出了建立多层次的社会保障体系,规定了社会保障制度包括社会保险、社会救助、社会福利、优抚安置、社会互助、个人储蓄积累保障六方面内容,并确定城镇职工养老和医疗保险由单位和个人共同负担,实行社会统筹与个人账户相结合。至此,我国现代社会保障体系框架初步形成。之后几年,我国陆续出台了一系列规范性政策文件,从养老保险、医疗保险、最低生活保障等多方面积极推动各项社会保障制度发展。新世纪后,在进一步深化城镇社会保障制度改革的同时,开始注重加强农村社会保障体系建设,着力扩大社会保障覆盖面。新型农村合作医疗制度、农村最低生活保障制度、新型农村社会养老保险制度先后建立。此外,近年来我国还积极推进了城乡养老保险、医疗保险的并轨。到目前为止,我国现代社会保障制度体系基本形成,社会保障覆盖面明显提高、社保基金保持较大规模、社保管理机制趋于完善,对保障人民生活和推动经济社会发展起到了积极作用,并成为收入再分配体系的重要组成部分。

(二) 养老保障制度

20世纪90年代初,我国开始实行养老保障制度改革,经过数年的试点和发展,到90年代末期,我国养老保障制度已基本由原来单纯的国家或单位保障过渡到国家、企业和个人三方分担。在养老保险基金的收支模式上,也逐渐由原来单一的现收现付制转变为部分基金制,并实行了社会统筹与个人账户相结合。目前,我国养老保障制度大致分为城镇企业职工养老保险、机关事业单位人员养老保险、城乡居民养老保险三大类。其中,城镇企业职工养老保险的社会统筹部分采用现收现付制,由企业按不超过工资总额20%的比例缴费,个人账户部分采用积累制,由个人按本人缴费工资8%的比例缴费;基本养老金待遇由基础养老金和个人账户养老金两部分构成,基础养老金月计发标准=(参保人员退休时上年度在岗职工月平均工资+本人指数化月平均缴费工资)÷2×全部缴费年限×1%。改革后的机关事业单位人员养老保险,与城镇企业职工养老保险在制度设计上基本一致。至于城乡居民养老保险,相比前两类养老保险有较大的制度差异,就其特点而言,在筹资机制上体现为由个人缴费、集体补助和政府补贴构成,在缴费机制上体现为分档次定额缴费,在给付机制上体现为基础养老金定额发放且各地标准不一。

(三) 医疗保障制度

我国从1998年起建立了城镇职工基本医疗保险制度,之后,分别于2003年起在农村地区开展新型农村合作医疗试点,于2007年起建立城镇居民医疗保险制度,2010年开始实施公费医疗改革(将机关事业单位人

173

员纳入城镇职工医保），2012年确定了大病医疗保险的制度框架，并在2016年启动了整合城乡居民医疗保险。目前，城镇职工基本医疗保险实行社会统筹与个人账户相结合的模式，医保费由单位和个人共同负担，单位缴费率为职工工资总额的6%左右，个人缴费率为本人缴费工资的2%左右。单位缴费按30∶70比例分别划入个人账户与统筹基金，而个人缴费全部进入个人账户；统筹基金主要用于支付住院医疗费及某些特殊的门诊费用，个人账户主要用于支付门诊医疗费和统筹基金支付时需要个人自付部分。城镇职工基本医保还明确规定了统筹基金的起付标准和最高支付额，政策范围内住院医疗费用报销比例在75%以上。城乡居民医疗保险实行个人缴费与政府补助相结合为主的筹资方式，并鼓励集体资助；医保基金主要用于支付住院和门诊医药费用，政策范围内住院费用支付比例保持在75%左右。此外，我国还建有城乡医疗救助制度，主要针对贫困群体中的患病者进行救助，具体方式包括补助医疗费、资助参保等。

（四）失业保障制度

1999年，我国颁布实施《失业保险条例》，标志着失业保险制度开始走向规范化。与原来的国有企业职工待业保险相比，改革后建立的失业保险有若干方面的重要变化，如覆盖范围扩大到城镇所有企事业单位的职工、调整了失业保险金的给付期限与计发办法、对失业保险同失业救济的衔接做出了规定等。2014年，我国又推出了"稳岗补贴"政策，力图更好发挥失业保险在预防失业、促进就业上的作用。现行的失业保险，由国家、企事业单位、职工个人三方共同筹资：城镇企事业单位按本单位工资总额的2%左右缴费，职工按照本人缴费工资的1%左右缴费，财政对失业保险基金给予补贴。失业保险基金主要用于保障失业人员的基本生活支出，失业保险金的标准由省级政府确定，不得低于城市居民最低生活保障标准。

（五）最低生活保障制度

我国城市最低生活保障制度于1993年在上海率先试点，之后经过推广和普及，在1997年正式全面建立。之后几年，我国不断扩大城市最低生活保障的覆盖面，低保人数快速增长，到2003年后，低保人数进入相对稳定时期，基本实现了"应保尽保"。自2004年起，各级政府在加大财政投入的基础上，完善配套政策措施，积极推进"分类施保"，切实帮助城市贫困家庭解决实际困难。城市最低生活保障金，根据保障对象类型实行全额或差额发放。我国对农村最低生活保障的探索和试点始于20世纪90年代末期，但到2007年才明确要求在全国范围内建立该项制度，此后，我国农村低保的覆盖面逐步扩大。农村最低生活保障金原则上按申请人家庭年人均纯收入与保障标准的差额发放，也可以在核查申请人家庭收入的基础上，按照困难程度和类别分档发放。无论城市还是农村低保，都主要由地方各级政府负责，各地之间的保障水平差异较大，中央财政向地方提供低保专项转移支付并向财政困难地区倾斜。

第二节 我国收入再分配政策调节收入差距的效果

如第三章所述，要评价整个收入再分配政策调节居民收入差距的成效，需要综合考虑收入不平等改善度与可支配收入不平等程度两方面的因素。从国家统计局公布的数据来看，我国自新世纪以来的基尼系数值始终在0.45以上，远高于0.4的国际警戒线标准。统计局公布的基尼系数值指的是可支配收入基尼系数,这表明我国经过再分配调节后的整体收入差距仍处于较高水平。本节重点考察收入再分配在多大程度上改善了居民收入不平等状况。与第三章的分析思路类似,我们仍从缩小整体收入差距、提高低收入群体收入、调节高收入群体收入、控制收入两极分化四个方面出发,定量测度我国收入再分配政策调节居民收入差距的效果。所使用的原始数据来源主要包括:《中国统计年鉴》《中国城市(镇)生活与价格年鉴》《北京统计年鉴》《江西统计年鉴》《陕西统计年鉴》等。由于全国层面的家庭收入分组数据自2011年以后不再公布,因此,2012年及以后年份的分析,只能针对省/市/区进行,本节选择相关数据较完整的北京、江西、陕西三个省市作为样本来研究。在测度居民收入差距的指标上,结合数据特点设置如下(见表6-1),与第三章略有差异。至于分析方法,除了在经常转移的分类上有所不同外,也基本上和第三章相近。另外,因为我国居民收入数据是分城乡统计的,限于篇幅,本章仅分析城镇居民的情况。

表6-1 测度居民收入不平等的指标体系

指标类型	指标名称	符号	说明
整体收入差距	基尼系数	G	—
低收入群体的相对收入状况	低收入群体的相对收入水平	LI	20%收入最低家庭的人均收入/全部家庭的人均收入
高收入群体的相对收入状况	高收入群体的相对收入水平	HI	20%收入最高家庭的人均收入/全部家庭的人均收入
收入两极分化程度	收入不良指数	OSM	20%收入最高家庭的收入份额/20%收入最低家庭的收入份额

一、缩小整体收入差距的效果

2005年至2011年间,我国收入再分配政策在缩小城镇居民收入差距上发挥了一定作用,但力度较弱。通过全部经常转移,基尼系数平均下降了2.26%,其中,经常转移收入和经常转移支出对基尼系数下降的贡献度分别为79.85%和20.15%。就具体项目而言,养老金收入对降低收入不平等的作用相对最大,其次为个人所得税、社会救济收入;社会保险缴款和住房公积金则导致收入差距进一步扩大(见表6-2、表6-3)。

表6-2 我国收入再分配政策对基尼系数的影响

单位:%

年份 指标	全部经常转移对基尼系数的改善度	经常转移收入对基尼系数的改善度	经常转移收入的贡献度	经常转移支出对基尼系数的改善度	经常转移支出的贡献度
2005	1.61	1.10	68.52	0.51	31.48
2006	2.05	1.54	75.00	0.51	25.00
2007	2.43	2.31	95.29	0.11	4.71
2008	3.14	2.55	81.31	0.59	18.69
2009	2.20	1.56	70.83	0.64	29.17
2010	1.90	1.52	80.33	0.37	19.67
2011	2.50	2.19	87.65	0.31	12.35
平均	2.26	1.83	79.85	0.43	20.15

资料来源:根据历年《中国统计年鉴》《中国城市(镇)生活与价格年鉴》中的相关数据计算。

注:基尼系数运用梯形面积法近似计算。

表6-3 我国经常转移收支主要项目对基尼系数的改善度

单位:%

年份 类型	养老金收入	社会救济收入	住房公积金(提取)	个人所得税	社会保险缴款
2005	1.07	0.68	-0.54	0.89	-0.60
2006	1.54	0.60	-0.57	0.84	-0.66
2007	2.29	0.49	-0.51	0.80	-1.23

续表

年份 \ 类型	养老金收入	社会救济收入	住房公积金（提取）	个人所得税	社会保险缴款
2008	2.29	0.76	-0.62	0.97	-0.91
2009	1.16	0.79	-0.67	1.04	-0.85
2010	1.18	0.75	-0.65	1.18	-1.49
2011	1.85	0.80	-0.62	1.14	-1.57
平均	1.63	0.70	-0.60	0.98	-1.05

资料来源：根据历年《中国统计年鉴》《中国城市（镇）生活与价格年鉴》中的相关数据计算。

注：基尼系数运用梯形面积法近似计算。

对京、赣、陕三个样本省份 2012—2015 年收入再分配效果的实证分析结果显示：不同地区收入再分配政策在调节居民收入差距上的作用有较大差异。北京收入再分配的效果较好，对基尼系数改善度的均值达到了 16.33%；江西收入再分配前后的基尼系数变化很小；至于陕西，收入再分配政策反而加剧了居民收入的不平等程度。与全国层面类似，在三个样本省份中，经常转移收入对基尼系数变化的影响远远超过经常转移支出。分项目看，三省市的社会救济收入和个人所得税均起到了缩小收入差距的作用，而医疗费用报销、住房公积金、社会保险缴款均使收入差距进一步扩大；养老金收入的情况较为特殊，北京的养老金收入具有良好的再分配效果，但陕西的养老金收入却加剧了收入不平等（见表6-4、表6-5、表6-6）。

表6-4 样本省份收入再分配政策对基尼系数的改善度

单位:%

年份\省份	北京	江西	陕西
2012	7.19	1.07	-5.09
2013	17.01	4.59	-3.90
2014	20.83	-0.29	-10.04
2015	20.29	-2.39	-11.83
平均	16.33	0.75	-7.72

资料来源：根据历年各省市统计年鉴中的相关数据计算。
注：基尼系数运用梯形面积法近似计算。

表6-5 样本省份经常转移收入和支出对基尼系数的影响

单位:%

指标	省份	2012年	2013年	2014年	2015年	平均
经常转移收入对基尼系数的改善度	北京	7.75	16.19	19.24	18.21	15.35
	江西	2.28	5.08	-0.05	-1.81	1.38
	陕西	-3.56	-2.70	-8.86	-11.18	-6.58
经常转移收入的贡献度	北京	107.79	95.18	92.37	89.75	96.27
	江西	213.08	110.68	17.24	75.73	104.18
	陕西	69.94	69.23	88.25	94.51	80.48
经常转移支出对基尼系数的改善度	北京	-0.56	0.82	1.59	2.08	0.98
	江西	-1.21	-0.49	-0.24	-0.58	-0.63
	陕西	-1.53	-1.20	-1.18	-0.65	-1.14
经常转移支出的贡献度	北京	-7.79	4.82	7.63	10.25	3.73
	江西	-113.08	-10.68	82.76	24.27	-4.18
	陕西	30.06	30.77	11.75	5.49	19.52

资料来源：根据历年各省市统计年鉴中的相关数据计算。
注：基尼系数运用梯形面积法近似计算。

表6-6 样本省份经常转移收支主要项目对基尼系数的改善度

单位:%

类型 省份	养老金收入	社会救济收入	医疗费用报销	住房公积金（提取）	个人所得税	社会保险缴款
北京	15.00	0.26	-0.28	-0.77	1.81	-2.83
江西	0.12	-	-	-	0.17	-
陕西	-7.41	1.20	-0.64	-0.50	0.19	-1.18

资料来源：根据历年各省市统计年鉴中的相关数据计算。
注：①基尼系数运用梯形面积法近似计算；②表内数值为2012年至2015年的均值。

二、"提低"的效果

总体而言，我国收入再分配政策在提高低收入群体相对收入上的效果并不理想。2005—2011年间，在初次分配环节，20%收入最低家庭人均收入占全部家庭人均收入比重的均值为39.05%，经过再分配后，该比重略微上升到39.18%，变化很小。分项目看，社会救济收入、个人所得税有助于改善低收入群体相对收入状况，而养老金收入、社会保险缴款则使低收入群体相对收入趋于下降。京、赣、陕三地近年来收入再分配政策在"提低"上的效果也有较大差异：通过全部经常转移的调节后，北京低收入群体的相对收入水平有一定程度提升，但在陕西，低收入群体的相对收入水平反而较明显地下降（见表6-7、表6-8）。

表6-7 我国收入再分配政策对低收入家庭相对收入的改善度

单位:%

类型 年份	全部经常转移	经常转移收入	经常转移收入分项 养老金收入	经常转移收入分项 社会救济收入	经常转移支出	经常转移支出分项 个人所得税	经常转移支出分项 社会保险缴款
2005	2.19	1.25	-0.43	1.83	2.62	0.77	-0.09
2006	1.21	0.46	-0.89	1.58	2.22	0.63	-0.08

续表

年份\类型	全部经常转移	经常转移收入	经常转移收入分项 养老金收入	经常转移收入分项 社会救济收入	经常转移支出	经常转移支出分项 个人所得税	经常转移支出分项 社会保险缴款
2007	-0.05	-0.83	-2.00	1.39	2.14	0.74	-0.17
2008	1.74	1.03	-0.83	2.04	2.79	0.74	-0.37
2009	1.10	0.13	-1.82	1.96	1.26	0.79	-0.04
2010	-1.49	-1.30	-2.98	1.81	-0.06	0.95	-1.55
2011	-2.12	-1.51	-3.33	1.89	-0.59	0.84	-1.99
平均	0.37	-0.11	-1.75	1.79	1.48	0.78	-0.61

资料来源：根据历年《中国统计年鉴》《中国城市（镇）生活与价格年鉴》中的相关数据计算。

表6-8 样本省份收入再分配政策对低收入家庭相对收入的改善度

单位：%

省份\类型	全部经常转移	经常转移收入	经常转移收入分项 养老金收入	经常转移收入分项 社会救济收入	经常转移支出	经常转移支出分项 个人所得税	经常转移支出分项 社会保障缴款
北京	4.21	4.68	3.61	0.49	-1.31	1.35	-2.81
江西	0.16	0.92	-1.45	—	-1.06	0.07	—
陕西	-8.12	-6.51	-8.20	2.00	-1.81	-0.31	-1.41

资料来源：根据历年各省市统计年鉴中的相关数据计算。
注：表内数值为2012年至2015年的均值。

三、"调高"的效果

2005—2011年间，我国收入再分配政策在调节高收入群体收入上发挥了正向作用，但效果很弱。在各类项目中，养老金收入使高收入家庭相对收入下降的幅度最大，而社会保险缴款却进一步提升了高收入群体的相对收入地位。就样本省份2012—2015年数据来看，北京收入再分配政策"调高"的成效较为明显，全部经常转移使高收入家庭相对收入下降了近14个百分点,但这主要归因于经常转移收入而非经常转移支出;而江西、陕西两省的高收入群体相对收入,在收入再分配前后的变化很小。值得注意的是,无论在全国还是省级层面,作为"调高"最重要手段的个人所得税,在降低高收入群体相对收入上并未有效发挥作用(见表6-9、表6-10)。

表6-9 我国收入再分配政策使高收入家庭相对收入降低的幅度

单位:%

类型 年份	全部经常转移	经常转移收入	经常转移收入分项		经常转移支出	经常转移支出分项	
^	^	^	养老金收入	社会救济收入	^	个人所得税	社会保险缴款
2005	1.41	1.13	1.56	0.23	0.24	0.72	-0.66
2006	2.03	1.77	2.13	0.21	0.14	0.70	-0.72
2007	3.65	4.23	4.39	0.18	-1.20	0.56	-1.84
2008	3.56	3.13	3.24	0.27	0.21	0.82	-0.90
2009	2.59	2.16	2.30	0.27	0.32	0.83	-0.81
2010	2.63	2.21	2.40	0.25	0.25	0.93	-1.07
2011	3.44	3.05	3.24	0.26	0.09	0.88	-1.18
平均	2.76	2.53	2.75	0.24	0.01	0.78	-1.03

资料来源:根据历年《中国统计年鉴》《中国城市(镇)生活与价格年鉴》中的相关数据计算。

表6-10 样本省份收入再分配政策使高收入家庭相对收入降低的幅度

单位:%

类型 省份	全部经常转移	经常转移收入	经常转移收入分项		经常转移支出	经常转移支出分项	
^	^	^	养老金收入	社会救济收入	^	个人所得税	社会保障缴款
北京	13.98	12.85	12.92	0.08	-0.31	1.24	-1.57
江西	2.74	2.81	2.81	—	-0.28	0.12	—
陕西	-0.75	-0.55	-0.46	0.38	-0.25	0.22	-0.43

资料来源:根据历年各省市统计年鉴中的相关数据计算。
注:表内数值为2012年至2015年的均值。

四、控制收入两极分化的效果

以收入不良指数进行衡量，2005—2011年间我国收入再分配政策在控制居民收入两极分化方面取得了一定效果，但总体而言力度偏小，平均仅使收入不良指数值下降了3.12个百分点。其中，经常转移收入的相对贡献显著大于经常转移支出。分具体项目来看，社会救济收入、个人所得税、养老金收入使收入不良指数有所下降，而住房公积金、社会保险缴款则导致不良收入指数上升（见表6-11、表6-12）。

表6-11 我国收入再分配政策对收入不良指数的改善度

单位：%

年份 \ 指标	全部经常转移对收入不良指数的改善度	经常转移收入对收入不良指数的改善度	经常转移收入的贡献度	经常转移支出对收入不良指数的改善度	经常转移支出的贡献度
2005	3.51	2.27	64.71	1.24	35.29
2006	3.20	2.35	73.33	0.85	26.67
2007	3.69	3.50	94.74	0.19	5.26
2008	5.21	4.17	80.00	1.04	20.00
2009	3.62	2.26	62.50	1.36	37.50
2010	1.18	0.94	80.00	0.24	20.00
2011	1.42	1.66	116.67	-0.24	-16.67
平均	3.12	2.45	81.71	0.67	18.29

资料来源：根据历年《中国统计年鉴》《中国城市（镇）生活与价格年鉴》中的相关数据计算。

表6-12 我国经常转移收支主要项目对收入不良指数的改善度

单位:%

年份\类型	养老金收入	社会救济收入	住房公积金（提取）	个人所得税	社会保险缴款
2005	1.03	2.07	-0.83	1.45	-0.83
2006	1.28	1.92	-0.85	1.49	-0.64
2007	2.52	1.55	-0.78	1.36	-1.94
2008	2.50	2.29	-1.04	1.46	-1.25
2009	0.45	2.04	-1.13	1.58	-0.90
2010	-0.47	2.12	-0.94	1.89	-2.59
2011	0.00	2.13	-0.95	1.90	-3.08
平均	1.22	2.00	-0.93	1.54	-1.36

资料来源：根据历年《中国统计年鉴》《中国城市（镇）生活与价格年鉴》中的相关数据计算。

对近年来京、赣、陕三省市的测算结果表明：北京在运用收入再分配政策控制收入两极分化上的效果远远优于江西和陕西，江西经过全部经常转移后的收入不良指数略有降低，但陕西的收入再分配反而使收入不良指数上升、造成两极分化加剧。在三省市中，社会救济收入和个人所得税均起到了缩小收入两极分化的作用，但医疗费用报销、住房公积金和社会保险缴款却扩大了收入两极分化程度（见表6-13）。

表 6-13　样本省份收入再分配政策对收入不良指数的改善度

单位:%

省份 \ 类型	全部经常转移	经常转移收入	经常转移收入分项				经常转移支出	经常转移支出分项	
			养老金收入	社会救济收入	医疗费用报销	住房公积金（提取）		个人所得税	社会保险缴款
北京	17.18	16.61	15.78	0.56	-0.46	-1.10	-1.67	2.55	-4.54
江西	2.76	3.57	1.20	—	—	—	-1.36	0.22	—
陕西	-9.86	-7.77	-9.62	2.32	-1.16	-0.65	-2.10	0.07	-1.88

资料来源：根据历年各省市统计年鉴中的相关数据计算。

注：表内数值为2012年至2015年的均值。

五、小结

近十年来，我国运用收入再分配政策，在一定程度上降低了居民收入的不平等程度。尤其是社会救济和个人所得税等政策，对缩小收入差距做出了积极贡献。但总体而言，我国经常转移调节居民收入差距的力度较小，与发达国家相比，收入再分配的效果不尽理想。归纳起来看，我国收入再分配政策在缩小居民收入差距方面的不足之处主要表现为：一是"提低"和"调高"的作用均偏弱。经过收入再分配后，低收入群体的相对收入地位未获得较显著提高，而高收入群体相对收入水平的降幅也较小，这导致收入再分配政策控制收入两极分化的力度偏小。二是部分收入再分配政策工具产生了逆向调节作用。社会保险缴款、医疗费用报销和住房公积金提取造成总体收入差距与收入两极分化程度进一步扩大。此外，在全国层面，养老金收入还造成了低收入群体相对收入地位的下降。三是相比东部发达地区，中西部省份的收入再分配效果明显较差。[①] 从缩小整体收入差距、提高低收入群体收入、调节高收入群体收入、控制收入两极分化四个维度看，北京收入再分配的成效均明显优于江西、陕西，其中，陕西在任何一个维度上的收入再分配结果都是逆向调节。四是从变化趋势来看，我国收入再分配效果没有表现出较明显的改善态势，在局部领域出现了趋于弱化的现象，甚至从正向调节变为逆向调节，如经常转移收入对低收入群体的收入扶持作用等。

第三节 我国收入再分配政策调节收入差距效果不佳的主要原因

一、直接原因

（一）收入再分配规模偏小

尽管我国收入再分配规模总体上呈扩大趋势，但到目前为止，居民部门经常转移收支规模仍处于偏小状态。截至2014年，居民部门经常转移收入与支出之和，占居民部门初次分配收入的比重为24.4%，占GDP的比重为14.7%，远远低于OECD国家的平均水平。经常转移总量规模偏小，成为制约我国收入再分配政策、有效发挥调节收入差距作用的重要原因之一（见图6-1）。

[①] 由于数据方面的限制，我们只能从京、赣、陕三个样本省市推断发达地区与欠发达地区的收入再分配效果差异，如果能有更多样本结果支持，会使结论更加可信。

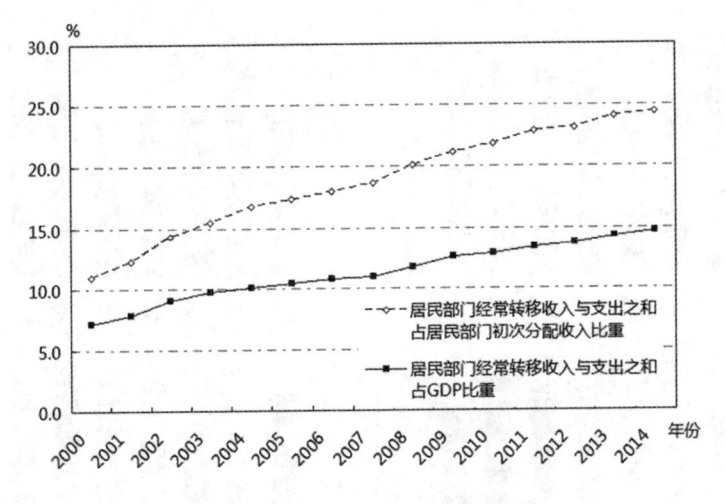

图 6-1 我国历年收入再分配的规模

资料来源：根据历年《中国统计年鉴》中的相关数据计算。

(二) 收入再分配资金分布不合理

要起到有效缩小收入差距的作用，经常转移收入和经常转移支出应分别具有良好的累退性和累进性。但除了社会救济收入等少数项目外，我国的经常转移收支体系并不充分具备这一特点。以全国层面 2011 年为例说明：在经常转移收入方面，从低收入户到中等偏上户呈现累进性；在经常转移支出方面，从最低收入户到低收入户、从高收入户到最高收入户，均表现为累退；在经常转移净收入和养老金收入方面，从最低收入户到中等偏上户呈现累进性；在提取住房公积金上，累进性程度极高；在社会保险缴款上，最低收入户的缴费负担率远高于平均水平，而最高收入户的缴费负担率则明显低于平均水平（见图 6-2）。

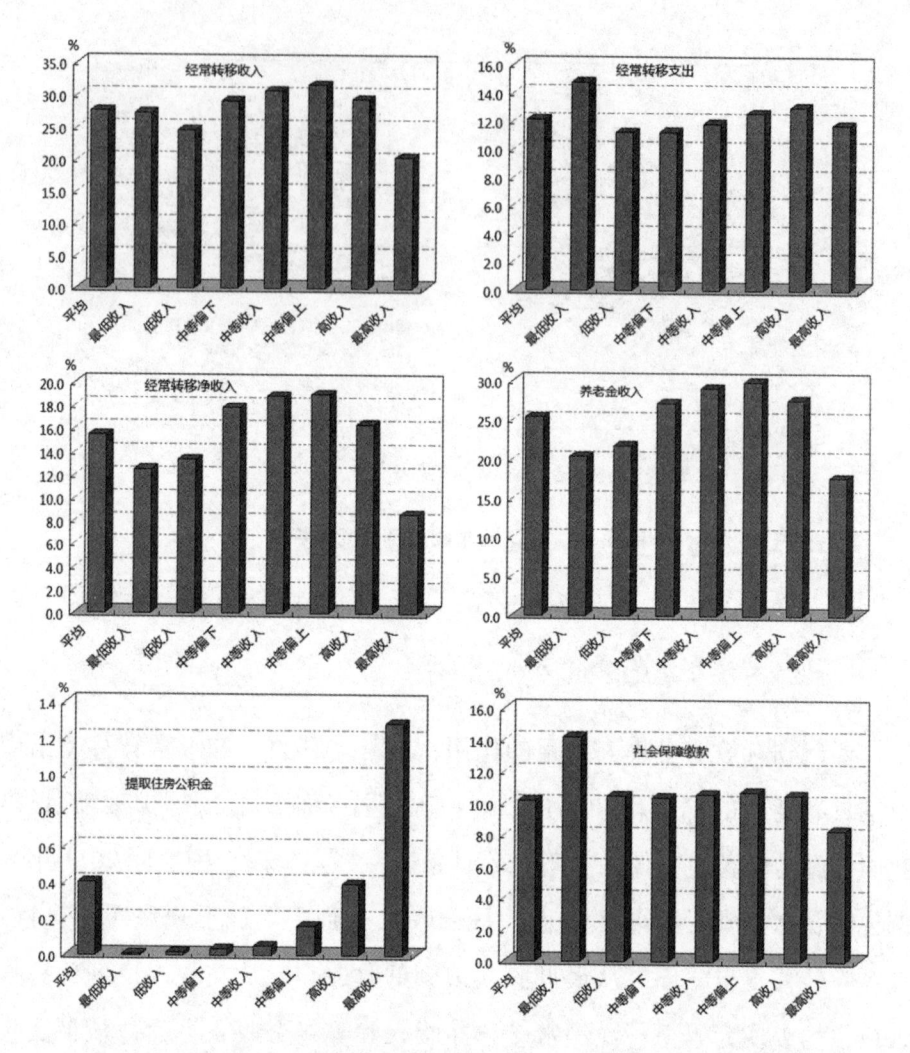

图 6-2 我国各收入阶层经常转移收支占初次分配收入的比重（2011 年）

资料来源：根据历年《中国统计年鉴》《中国城市（镇）生活与价格年鉴》中的相关数据计算。

（三）收入再分配覆盖面仍有一些空白

就个人直接税的覆盖面而言，问题主要出在个人经常财产税方面。目前，我国除了上海和重庆两地外，其余地区的个人住房在持有环节均不缴纳房产税。由于个人住房游离于征税范围之外，造成房产税难以发挥缩小居民收入差距尤其是调节高收入人群收入的作用。至于社会保障的覆盖面，虽然近年来各类社会保障覆盖率随着改革的推进显著提高，但仍存在不足。尽管当前社保在制度层面已经基本实现了全覆盖，但对人群的实际覆盖率依然偏低，还有不少空白。有些社会成员虽然在名义上纳入社会保障体系中，但实际上并未参保或享受待遇，这些成员主要是私营企业和中小微企业员工、个体工商户、灵活就业者、农民工等群体。就特定社保项目来看，在基本养老保险中，30岁以下职工中有约1/5的人未参保[①]；在失业和工伤保险中，规模庞大的农民工群体仍有相当部分未被覆盖；在最低生活保障中，有许多符合条件者却未获得低保金的救助。

二、深层次的制度原因

收入再分配规模偏小、资金分布不合理以及覆盖面不足，从根本成因来讲，与各项收入再分配制度的设计与实施有密切联系。只有深入剖析我国个人所得税与社会保障制度的具体内容及其特点，才能理解我国收入再分配政策调节居民收入差距效果不理想的深层次原因。

（一）个人直接税的税制要素设计欠合理

由于我国目前尚未将个人住房全面纳入房产税征收范围，因此从全国范围看，个人直接税税制要素设计方面的缺陷，主要集中表现在个人所得税上。一是分类所得税制模式不合理，无法全面衡量个人的总体纳税能力。这导致收入来源多、总收入水平高的高收入者税负偏轻，而收入来源相对较少、总收入水平一般的普通工薪族和中产阶层税负偏重。

[①] 详见中国保险行业协会发布的《2015中国职工养老储备指数大中城市报告》。

二是征税范围欠宽,存在"空白地带",如各种附加福利与资本利得。[①]由于附加福利与资本利得大部分为高收入者所获得,因此对它们不征税不利于"调高"。三是工薪所得扣除标准不科学,存在"一刀切"现象,没有考虑家庭赡养人口数量、家庭成员收入状况等因素的差异。在个人收入水平相同情况下,家庭赡养人口越多、家庭其他成员收入越少的纳税人,其实际税负会更重。四是税率结构设计扭曲,财产性收入税率偏低。在中低收入阶层中收入差距的主要贡献因素是工资性收入,而在高收入与低收入阶层间收入差距的主要贡献因素是财产性收入差距(李爽,2008)。目前我国各类财产性所得[②]均适用20%的比例税率;而工资薪金所得、个体工商户生产经营所得都适用超额累进税率,两者的最高边际税率分别高达45%和35%。可见,财产性所得税率是相对偏低的。总之,这种税率结构不利于调节高收入者的财产性收入。

上述四方面的制度缺陷,均阻碍了个税税负在不同收入阶层间的公平分布,影响了税收纵向公平目标的实现。此外,分类课税模式、征税范围欠宽两个缺陷还直接降低了个人所得税的筹资能力,制约了个人所得税收入规模的扩大。

长期以来,我国对"个人所有非营业用房产"免征房产税的规定,导致个人经常财产税覆盖面的严重不足。就征收个人住房房产税的上海、重庆两地而言,尽管试点已逾六年,但试点方案的制度设计在收入再分配方面也存在明显弊端。首先,从征税范围来看,上海仅对增量房征税,将大量存量房排除在外,重庆虽涉及存量房但也仅限于别墅。两地试点所确定的征税范围更多出于抑制炒房的考虑,而非主要为了调节居民收

---

① 我国现行个人所得税法规定,在沪深证券交易所转让上市公司公开发行和转让市场取得的上市公司股票的所得,暂免征收个人所得税。

② 包括财产租赁所得,财产转让所得,利息、股息、红利所得,特许权使用费所得。

入差距。其次，从计税依据看，尽管两地都以按评估值征税为目标，但当前均以市场交易价格计征，在房价趋于上涨的情况下，以市场交易价而非评估值作为税基，会削弱个人住房房产税的收入再分配功能。再次，基于国际比较来看，沪渝两地试点的税率水平偏低，上海最高一档税率仅为0.6%，重庆稍高一些，但也只有1.2%。最后，免税面积制定得偏高，过多减轻了高收入群体的税收负担。以上海方案为例，人均免税面积为60平方米，但2015年上海城镇居民人均住房面积不过35.1平方米，免税面积达到人均住房面积的1.7倍，免税标准显得过宽。从两地试点结果看，征收到的个人住房房产税规模很小。试点前三年的累计征收额，上海约为6亿元，重庆不超过4亿元，对地方财政收入贡献微弱。几乎不对存量房课税、税率偏低和免税面积过高，都是造成税收收入总量小的重要原因。此外，试点方案制度设计上的各种不足，还造成高收入群体的房产税负担相对偏轻，使个人住房房产税较难充分发挥出调节高收入者收入的作用。

（二）个人直接税的征管体系尚不健全

与发达国家相比，我国税收征管能力相对较弱。无论是在税源监管、税款征收还是税务稽查和处罚环节，均有较多不完善之处——如在税源监管环节跨部门、跨地区税源信息共享不充分，在税款征收环节随意行使自由裁量权现象较多等。与间接税相比，直接税的征管要求更高、难度更大。但长期以来，我国税收征管模式主要是建立在间接税基础上的，更适应于间接税的征管。近十多年来，我国税收征管水平的提升，也更多体现在对间接税尤其是增值税的征管方面，而对于直接税特别是个人直接税的征管依然存在许多薄弱之处，如征管制度不完善、征管经验缺乏、基础条件不健全等。上述问题造成个人直接税的税收流失率较高，一方面减少了个人直接税的收入,另一方面使高收入群体实际税负被不合理地减轻,最终削弱了个人直接税调节收入分配的实际作用。

　　由于个人直接税的最主要目的是调节高收入,因此其征管的重点对象自然在于富裕人群。然而,从税务机构角度来看,对富人的直接税征管体系还存在不少较突出的问题,影响到税款的有效征收:先考察高收入者个税征管上的缺陷。一是涉税信息共享不完善、信息传递不畅。不仅税务与银行、证券公司、工商、公安等相关部门之间普遍缺乏信息共享机制,即使是跨地区税务机构之间的信息沟通有时也会遇到障碍,这导致税务部门难以完整掌握高收入群体的真实收入状况。例如,在个人转让企业股权时,因工商与税务间的信息共享不足,税务机关无法及时获取相关交易信息,从而可能造成股权转让所得的税收流失。二是纳税评估水平不高。纳税评估是加强税收征管、减少税收流失的重要方式,但目前对高收入者的个人所得税纳税评估仍是一大短板。评估所需基础信息资料有限、评估模式设置较为单一、税务人员开展评估能力不足等诸多原因,制约了个税纳税评估工作的有效开展。三是对偷逃税的处罚执行不到位。高收入者往往具有较强的社会影响力、较多的人脉资源,一旦其税收违法行为被发现,经常会通过说情、疏通关系等手段试图逃避或减轻处罚,税务部门在不少情况下会因此放宽处罚标准,纵容了高收入者的税收逃逸。再考察对富人经常财产税的征管。由于目前未在全国范围内征收个人住房房产税,因此在个人经常财产税征管方面尚未暴露出较明显的问题。不过从长远看,如果全面开征个人住房房产税并以评估价为计税依据,那么房地产评估机制的完善程度将对税收征管产生较大影响,但这恰恰又是当下比较薄弱的领域。

（三）社会保障制度的分割与碎片化

长期以来，我国社会保障体系是分城乡、地区、人群设计的，造成社保制度呈现板块分割的碎片化状态。不同板块的社会保障子系统之间相互独立、缺乏联通性，且在筹资方式、缴费标准、给付机制等方面存在较大差异，降低了社会保障的公平性，并削弱了社保制度调节居民收入差距的能力。

一是社会保障的城乡分割。在社会保障的各个领域，农村社保制度的建立时间均晚于城市，在很长一段时间，社会保障的城乡二元化结构特征十分明显。首先，城镇社会保障发展时间长、体系较完整，因此社保项目的类型要比农村丰富得多，特别是在一些社会福利项目上。其次，城市与农村在社会保险筹资方式、收支模式上的差异也较大。以养老保险为例，在2009年实行"新农保"之前，原来的农村社会养老保险以个人缴费为主要筹资来源，并采用个人账户积累制（无社会统筹基金），相比实行社会统筹与个人账户相结合的城镇社会养老保险，明显缺乏收入再分配作用。再次，城市居民享受各类社会保障的待遇水平也远优于农村居民。例如，城镇职工医疗保险的报销比例明显高于新农合，据对大连市的调查结果，城镇职工医保报销比例为90%，而新农合的报销比例仅有60%（李策等，2011）。当前，尽管农村社会保障体系已初步形成，在某些社保项目上也实现了城乡一体化，但与城镇居民尤其是城镇职工的社保制度相比，在保障项目、待遇给付等方面仍有一定差距。

二是社会保障的地区分割，主要表现为社保基金统筹层次和社保制度细则规定两方面，这是我国各地区社会保障在调节收入差距效果上差异较大的最重要根源之一。我国社会保险的统筹层次相对较低，目前养老保险主要为省级统筹，而医疗、失业等社会保险以市级统筹为主。其中，养老保险尽管在名义上已全面实现省级统筹，实际上有许多省份仅停留于通过很小比例的调剂金形式进行统筹，并未真正建立起省级层面的统收统支制度。偏低的统筹层次，阻碍了社保资金从较富裕地区向较贫困地区的流动，不利于缩小不同地区间居民的收入差距。另外，虽然中央确定了各项社会保障制度的基本框架，但在具体实施内容上，各级地方政府有一定的自主决定权，这使得各地区的社会保障制度呈现差异化特点，进而影响到各地社保收入再分配功能的强弱。以最低生活保障标准为例，2016年，上海市城市和农村低保标准对人均可支配收入的比例，分别为16.6%和37.6%，而南宁市的该两项比例分别为11.3%和13.7%，差距较大。从待遇水平可见，上海低保对贫困居民尤其是农村贫困人口的收入扶助作用明显强于南宁。

三是社会保障的人群分割，这最集中反映在城镇企业职工与机关事业单位职工社会保障的双轨制上。在机关事业单位社保改革前，我国城镇企业职工与机关事业单位职工的社会保障制度是分立并行的，后者完全由财政或单位出资而无须个人缴费，并且在待遇上比前者优厚得多，如企业的养老金替代率从1999年的69.18%下降到2011年的42.9%，不足机关事业单位的1/2。[①] 除此之外，城镇就业者与农民工之间、正规就业人员与非正规就业人员间的社会保障制度分割现象也比较突出。虽然近年来我国针对农民工与非正规就业者出台了不少相关政策，改变了原来严重缺乏保障的状态，但因这些政策大多级别不高、各地具体操作办法也不尽相同。到目前为止，这些特殊人群的社会保障仍留有一些空白点，并存在实际参保率不高、受益不显著等问题。

综上所述，相互分割的制度体系，从两条路径制约了我国社会保障

---

① 李喆：《中国企业养老金替代率下降低于国际警戒线》，载《新京报》2012年9月14日。

收入再分配功能的有效发挥：一是由于不同板块间的彼此割裂，造成社保资金在不同板块间分布的不公，无法在更大空间范围内实现再分配目标；二是不同板块发展成熟度有所差异，某些板块制度设计明显缺乏公平性，致使该板块所覆盖范围内居民收入差距难以缩小甚至扩大。不过，随着近年来城乡社会保障并轨、提高社会保险统筹层次、机关事业单位社保改革的推进实施，社会保障碎片化给收入再分配带来的负面影响正在逐步减弱。

（四）社会保障筹资与缴费机制有所不足

社会保障的筹资结构是影响其收入再分配作用的重要因素，社会保障资金来自于政府财政投入、单位或个人缴费、社保基金投资收益、社会捐赠等多种渠道。通常而言，政府对社会保障的投入越多，社会保障发挥的收入分配调节作用也越大，政府通过社会保障调节收入分配也更便利（王延中、龙玉其，2012）。基于国际比较，我国财政对社会保障的投入力度偏小，2014年，OECD国家财政社会保障支出占财政总支出比重的均值为36.7%，而同年我国的该比重仅为10.5%。此外，我国社会保障资金中来源于财政的比例也偏低，欧洲国家一般税收在社会保障总筹资额中的比例在1/3至1/2之间（曹春，2013），但我国社会保障支出中由财政负担的份额只有27%左右。[1] 财政对社会保障支持程度偏弱，给社会保障收入再分配带来了多重不利影响，包括制约了社会保障资金规模的扩大，降低了低收入群体在社保中的受益率等。

虽然世界各国社会保障缴款普遍具有累退性，而且中国社保缴款对

---

[1] OECD国家财政社会保障支出占财政总支出比重数据来自于OECD Statistics；我国财政社会保障支出占财政总支出比重、社会保障支出中由财政负担的比例根据《中国统计年鉴》相关数据进行计算。

收入分配的逆向调节程度还略低于欧盟国家平均水平，但就目前社会保险缴费制度设计而言，我国仍有一些较明显的不利于缩小收入差距的缺陷：缺陷之一是社会保险缴费率水平过高。我国各地社会保险的缴费比例虽不完全一致，但绝大多数省份的缴费率都在工资总额的40%以上。其中，单位的费率超过30%，个人的费率超过10%。这样的缴费率水平，在所有发展中国家中高居第一，并且在发达国家中也处于中上游的位置。[①] 由于缴费率过高，部分中小企业迫于成本压力而逃避为员工提供社保的义务，一些非正规就业者则因觉得缴费负担过重而不愿参加社保。当前我国社保实际覆盖率低于名义覆盖率，与缴费率过高是有一定因果关系的。缺陷之二是社会保险缴费基数设置不公平。现行社保缴费基数设有上下限，由此，在低于下限和高于上限的工资收入区间，缴费就会出现累退性，这是社保缴款难以较好发挥"提低"和"调高"作用的最主要原因之一。另外，对于城镇自雇人员（个体工商户、灵活就业人员等），其社保缴费基数通常是当地职工平均工资或平均工资的一定比例。在缴费基数为既定数额、与个人收入脱钩的情况下，缴费自然也是累退的。

（五）社会保障给付机制的公平性有缺失

在养老、医疗、低保等各种主要社会保障项目上，均存在给付机制缺乏公平性的弊端，造成社保转移性收入的累退性不足甚至呈现累进性，不利于缩小居民收入差距，特别是在低收入群体的收入扶持方面，保障力度还显得较弱。

在养老保险的给付机制上，公平性不足的问题主要表现为城镇职工

[①] 在全球12个社会保险缴费率高于40%的国家中，除中国外都是欧洲国家。

基础养老金计发方法改革后互济作用下降、城乡居民基本养老保险替代率偏低两方面。2005年我国颁布了《国务院关于完善企业职工基本养老保险制度的决定》（国发38号文），对基础养老金的计发办法进行了调整，原来基础养老金为本地上一年度社会平均工资的20%，而改革后核算基数变为上年度在岗职工平均工资与本人指数化平均缴费工资之和。虽然这种调整方式更好体现了多缴多得的激励，但从收入分配角度来看，由于基础养老金的发放模式从完全的待遇确定型转变为待遇确定和缴费确定混合型，其社会互济功能有所削弱。再考察城乡居民养老保险，其待遇由基础养老金与个人账户养老金两部分构成，据模拟测算全部养老金的替代率，在缴费15年和缴费36年情况下分别为11%和21%（李兵，2015），远远低于40%的国际最低标准。对于缺乏其他收入来源的贫困老年人来说，这样的替代率水平难以为其提供维持基本生活的养老金收入保障。而替代率过低的主要原因，在于财政对基础养老金的投入不足以及对个人缴费的补贴方式不够合理。

医疗保障给付机制不公的问题同样比较突出。在医疗保险的给付环节，起付线、封顶线、报销比例对收入再分配有重大影响。但是，我国目前的社会医疗保险（城镇职工医疗保险、城乡居民医疗保险），对不同收入水平的患者基本上都实行同样的起付线、封顶线和报销比例，少有针对低收入群体做出特殊规定。在这种统一制度安排下，对比高收入患者，低收入患者的个人医疗费负担就显得更重，从医保中获得的受益程度也相对较小。大病保险也存在对低收入群体补偿不足的问题，现行政策将大病保险起付线定为上一年城乡居民的人均可支配收入，只有超过该标准的医疗费才能纳入大病保险支付范围。对于低收入患者而言，该起付线标准相对于其收入水平无疑设置过高，造成个人自费负担偏重。此外，医疗救助的标准也处于偏低水平，尤其对于患有大病的贫困者来说,救助金相比高额医疗费可谓杯水车薪。

最低生活保障在消除绝对贫困上的贡献很大,但就目前各地的保障标准来看,绝大部分地区的保障水平只能勉强维持基本生计,是一种低水平的生存保障,在降低相对贫困上的作用有限。我国低保标准由地方政府确定,尽管按中央政策要求,确定低保标准的基本依据是当地居民基本生活所必需的衣、食、水电等费用,但在现实中,各地往往会结合本地财力和上级财政转移支付来做出决定,财政能力由此成为左右低保标准的关键因素。这导致某些经济不发达、财力状况较差的地区,因财政拮据而被迫降低应有的低保标准,进而弱化了低保对贫困人口的救助作用。

(六)社会保障中的部分受益资格条件不利于低收入群体

我国各类社会保障项目均设有一些受益资格条件,只有满足这些条件的保障对象才能享受相应的待遇。这些资格条件中的部分条款设置得并不公平合理,从调节收入分配的角度看,有的条件人为抬高了低收入群体享受社会保障待遇的"门槛",并导致其中一些人最终无法享受社会保障,削弱了社会保障的"提低"功能。例如,与城镇居民特别是在正规部门就业的城镇人口相比,农民工群体不仅工资收入低,就业稳定性也要差得多,理应是失业保险的重点保障群体之一。但是按照现行政策规定,只有连续缴费满1年以上才有资格享受失业保险待遇,而现实中能满足这一条件的农民工为数不多。[①] 因此,仅这一项限制性条件,就将大部分农民工排除在失业保险受益范围之外,使得农民工的失业保险实

---

① 2014年《全国农民工调查监测报告》显示,仅有23.2%的农民工签订了一年以上的劳动合同。

际受益率远低于名义水平。再如，按照提取住房公积金的现有条件，高收入者提取公积金的概率（公积金使用率）要高于中低收入者，这正是住房公积金提取呈现高累进性的重要原因之一。

（七）社会救助存在一定程度的瞄准偏差

在最低生活保障等诸多社会救助项目中，均存在不同程度的瞄准偏差现象——包括"漏保"与"错保"两种情况，其带来的直接后果就是损害了救助资金在不同收入阶层间分布的公平性、减弱了社会救助转移性收入的累退水平。以低保为例，尽管制度规定要以家庭成员人均收入为依据确定救助对象，但因家计调查存在较大困难，各地在实际操作中并未严格通过收入审查来识别低保对象。由此，出现了不少的"人情保""关系保"现象，一些经济条件尚可并不满足条件的居民获得低保金，同时，部分真正的贫困户却没有得到应有的救助。

三、外部原因

我国收入再分配效果不尽理想，除了收入再分配政策本身的原因外，也与许多外部因素有关，这些因素中既有收入再分配政策以外的制度性因素，也有经济社会发展中的非制度性客观因素。有学者曾对收入再分配效应的影响因素进行过实证分析，结果发现通货膨胀、初次分配收入差距、人均GDP、国有化程度、城市化水平、人口年龄结构比、失业率、财政收入状况等均会对收入再分配的成效产生一定影响（文雯，2012）。因此，要全面、客观地认识收入再分配效果的成因，各种外部因素也不能忽视。由于影响收入再分配效应的外部因素众多，我们在此仅对若干较主要的因素略作分析和探讨。

我国个人直接税对收入差距的调节作用，在很大程度上受制于较大规模的地下经济以及公众较淡薄的纳税意识。地下经济活动不纳入官方统计范围，也游离于政府的监管体系之外。在既定社会资源条件下，地下经济与地上经济之间一般是此消彼长的替代关系，地下经济过于庞大将会阻碍地上经济的正常发展。从税收角度来看，地下经济的存在，将使得实际可征税基小于潜在税基，进而导致税收流失，并由此对收入再分配带来不利影响。杨灿明、孙群力（2010）的研究就表明，地下经济规模的上升使收入差距显著扩大。根据大部分学者的测算，我国地下经济规模占GDP的比重约在10%—20%之间，与美国、日本、德国等发达国家相比处于偏高水平，这是造成我国个人直接税再分配效应相对较弱的一个重要外部原因。除此之外，社会公众普遍缺乏纳税意识，也是制约我国个人直接税充分发挥再分配作用的因素。在西方税收文化中，不懂税、偷逃税是一种无知与不道德的象征，税收逃逸行为普遍受到谴责与藐视。反观我国，社会公众对税收制度的知晓度偏低，"皇粮国税""苛捐杂税"的思想仍在一定程度上影响着国民的纳税意识，人们自觉守法纳税的积极性不高，对纳税有排斥甚至厌恶情绪，这无疑会削弱个人直接税征管的有效性，使税收再分配功能的发挥在执行环节遇到梗阻。

　　与个人直接税的情况相类似，社会保障的收入再分配功能，也受到较多外部因素的影响。首先，社会保障实际覆盖率不高是影响我国社保调节收入差距作用的原因之一，但客观而言，覆盖率不高并不能完全归因于社保制度的不健全。就实际参保率来说，它既取决于社保制度规定哪些人应当参加社保，也取决于应参保者参加社保的意愿。如果相关人员参加社会保险的主观意愿较低，最后做出不参保的决策，即使通过正式制度将他们纳入社会保障范围内，也无助于提高真实参保率。而影响参保意愿的外生因素众多，如收入水平、教育程度、健康情况、户籍状况、就业稳定性、年龄、性别等。结合实际情况来看，在农民工群体中，有不少人因工作流动性高、工资较低等原因，不太愿意参加社保，他们更希望多拿点现钱以应对当下生活的开支需要；在部分年轻人中，也有相当一部分因对社保重要性认识不足，参保的积极性不太高。其次，在养老保险方面，工资增长率和利率两大因素对收入再分配效应有较显著影响。在其他条件不变的情况下，社会平均工资率的增长将提升养老保险降低基尼系数的作用，即高工资增长率能增强养老保险的收入再分配效果（李连友等，2015），并且，当低收入企业工资增长率高于高收入企业时，养老保险的收入再分配效应将变得更强（许志涛，2014）；综合考虑工资和利率两因素的影响，当工资增长率大于利率时，一般情况下养老保险能起到对收入差距的正向调节作用（朱梅、姚露，2016）。再次，医疗保障的收入再分配效应大小，与医疗服务的可获得性状况密切相关。不同于其他社会保障项目，医疗保障转移性收入的获取要以接受医疗服务为前提条件，只有接受医疗服务的患者才有可能获得相应的经济补偿。由于我国城乡间与地区间医疗资源配置的不均衡程度较高、基层医疗机构的服务能力相对较弱等原因，在一些较偏远地区与农村，医疗服务供给与当地居民的医疗服务需求仍存在一定差距，低收入者等社会弱势群体的医疗服务可及性水平不高，这就制约了医疗保障"提低"作用的有效正常发挥。

第七章

我国进一步完善收入再分配政策、缩小居民收入差距的对策建议

国家"十三五"规划纲要提出：加大再分配调节力度，健全再分配调节机制，努力缩小全社会收入差距。当前，我国经济发展已经进入新常态，经济发展方式、经济结构与经济发展动力都在进行深度调整转型，缩小居民收入差距、促进收入公平分配面临新挑战。然而，我国现行收入再分配体系还不是很健全，各项收入再分配政策仍存在诸多不足之处，在调节收入差距方面的作用效果依然不够理想。因此，我们需要在合理借鉴国外尤其是发达国家相关经验的基础上，结合本国实际情况，进一步深化与推进收入再分配改革，增强个人直接税、社会保障等再分配政策的收入调节功能。

第一节 目标定位

明确目标定位是完善我国收入再分配政策的前提，科学合理且具有可行性的目标，将指引收入再分配改革往正确方向行进。按照逐步实现全体人民共同富裕这一社会主义的本质要求，立足当前我国居民收入分

配基本现状，并结合收入再分配政策的基本功能，可确定现阶段完善我国收入再分配政策的目标定位。

总体目标：对全社会的居民初次分配收入差距进行有效调节，使经过再分配后的居民收入差距较为明显地缩小，力求将可支配收入差距控制在合理范围内。在收入再分配环节，要保证低收入群体收入增长快于中等收入群体，中等收入群体收入增长快于高收入群体。通过收入再分配政策调节，促进"橄榄型"收入分配格局的形成。

分项目标具体包括：第一，充分发挥收入再分配的"提低"作用，使绝对贫困人口数量大幅减少，使相对贫困人口比重趋于下降，使丧失或缺乏劳动能力的贫困人口获得基本生活保障。第二，较好发挥收入再分配的"扩中"作用，促进中等收入群体持续扩大。第三，有效发挥收入再分配的"调高"作用，使过高收入得到合理且有效的调节，抑制居民收入过度两极分化。

第二节 基本思路

一、按照共享发展理念深化收入再分配改革

党的十八届五中全会提出了共享发展理念，指出"共享是中国特色社会主义的本质要求，必须坚持发展为了人民、发展依靠人民、发展成果由人民共享，做出更有效的制度安排，使全体人民在共建共享发展中有更多获得感"。收入再分配政策有助于矫正初次分配环节的缺陷、缩小居民收入差距，是实现共享发展的重要途径之一，因此，我国收入再分配的改革与完善，理应将共享发展理念作为基本指引。以共享发展为导

向推进收入再分配改革,要求通过公平合理的制度设计,综合运用税收、社会保障和财政转移支付手段,实现收入从高收入群体向低收入群体的适度转移,使在初次分配中受益较少和未能参与初次分配的社会成员,能获得基本生活条件和社会福利、更好地分享经济社会发展成果,从而避免贫富两极分化,增进社会稳定与和谐。

二、逐步扩大收入再分配的规模

我国收入再分配的规模远远小于 OECD 国家,在居民部门经常转移资金总量偏小的情况下,收入再分配政策自然难以对居民收入差距起到显著的调节作用。因此,逐步扩大收入再分配规模,是增强我国收入再分配政策调节收入差距功能的必然要求。尽管我国居民部门经常转移总规模偏小,有经济发展水平、财政收入状况等方面的客观原因,但也与收入再分配制度本身的缺陷有密切联系。从完善制度角度看,促进收入再分配规模扩大的着力点主要包括:对于个人直接税,要努力拓宽税基,改革课税方式,加强税收征管;对于社会保障,要进一步扩大覆盖面,加强社保财政投入,提高社保基金投资收益水平等。另外,随着经济增长,居民收入和财富水平提升以及财政实力变得更加雄厚,也将促进收入再分配规模的扩大。

三、提高收入再分配政策的针对性与精准度

当前我国各项收入再分配政策之所以在调节居民收入差距方面效果不佳,很重要的一个原因在于缺乏针对性与精准度,政策设计与执行显得比较粗放,如个税缺乏个性化的纳税扣除、医保报销未充分考虑患者收入差异等。所以,完善个人直接税与社会保障的收入再分配功能,需要从提高针对性与精准度上下功夫。提高针对性的关键是明确政策调节的重点对象,并能根据不同社会群体的特点实行分类施策,不断增强政策的精细化水平。现阶段,中等收入者的个人直接税纳税扣除、非正规就业人员的社会保险、贫困人口的社会救助等领域,尤其应增强政策的针对性。至于提高精准度,最重要的是增强财政、税务、社保、民政等相关职能部门的经办管理能力,努力改善政策执行绩效,尽可能地避免执行环节的漏洞与偏差,特别是要减少高收入者的税收逃逸,提高社会救助的瞄准精度。

四、促进各项收入再分配政策的搭配协同

各项收入再分配政策是相互关联的,一国收入再分配体系对居民收入差距的调节作用,既取决于每一项政策的再分配功能,也取决于各项政策的组合协同效应。首先,要加强个人所得税与个人经常财产税的协同,使个人直接税的调节作用较全面地覆盖个人收入与财产运动全过程。其次,要加强各项社会保障制度的协同,包括优化社会保险、社会救助、社会福利间的结构,低保政策与养老、医疗、失业等社会保险的衔接等。再次,要注重个人直接税与社会保障制度的协同,主要是完善保险费个税扣除、养老金所得税等政策。最后,要善于综合运用各项收入再分配政策实现"提低、扩中、调高"目标。其中,"提低"主要依靠社会救助兜底保障与社会保险缴费补贴,"扩中"重点依靠合理的个人所得税优惠政策、养老和医疗社会保险的公平补偿机制、各类社会福利项目,而"调高"主要依靠具有一定累进性的个人直接税。

五、重视收入再分配政策多重目标的协调

对于任何一项收入再分配政策,都会遇到公平与效率两大目标的权衡问题。公平(此处专指结果公平)是收入再分配的基本价值取向,但追求公平可能会削弱初次分配从事社会生产活动人们的积极性、损害生产的效率。所以，收入再分配的改革，要处理好效率和公平间的关系，防止因过于追求结果公平而过度牺牲效率。对公平收入分配加以限制以防过多损害效率的最低条件，是不能使正在为社会做贡献的社会成员收入水平低于靠社会保障生活的水平（于乐军、陈春莲，2009）。不过，在实施收入再分配的过程中，效率与公平也并非在所有情况下都是"鱼和熊掌"的关系。耿林、叶敏（2012）通过理论模型推导发现：在一些参数条件下，再分配政策可以兼顾效率和公平。而从国外实践来看，有条件现金转移支付等再分配制度创新也确实达到了同时增进效率与公平的目标。因此，我们的努力方向，就是结合实际情况优化与创新制度设计，在既定的公平分配目标下尽可能减少效率损失。

由于各项收入再分配政策普遍具有多种职能定位，因此，如何处理好调节收入差距与其他职能定位间的关系，分清主次轻重，避免顾此失彼，也是需要我们考虑的问题。具体而言，对于个人直接税，要处理好调节收入差距和筹集财政收入的关系；对于养老保障，要处理好老年收入保障与调节收入差距的关系；对于医疗保障，要处理好医疗风险分担与调节收入差距的关系；对于失业保障，要处理好促进就业与调节收入差距的关系。另外，就社会保险而言，保险基金财务收支平衡也是一个重要的政策目标，社会保险的制度设计，不能不考虑对社保基金财务可持续性所造成的影响。

六、完善对收入再分配政策实施的管理

在优化收入再分配制度设计的基础上，还要加强对政策实施环节的管理，确保政策顺利落实到位，避免出现政策落不了与执行走偏的现象。为此需要做到以下几点：一要夯实收入再分配实施的技术基础条件，如

完善个人收入与财产监测体系、健全财产评估体系、全面实现全国社保信息联网、促进部门间信息共享等；二要进一步明确与细化财政、税务、社保、民政、发改委等相关职能部门在收入再分配改革领域的责任分工，制定相应的任务清单，中央和省级政府要增强收入分配改革联席会议的统筹协调功能，对难点问题进行集中攻关；三要加强税务部门和社会保障经办机构的能力建设，从管理人员、机构设置、硬件设施、业务流程多方面入手，提高税收征管能力与社会保障服务能力，提高收入再分配政策执行的合规性与效率；四要探索建立收入再分配政策绩效评估体系，对相关政策的执行情况与效果进行科学评估，并根据评估结果对现行政策及时加以调整与优化。

七、立足国情合理借鉴收入再分配国际经验

国外尤其是西方发达国家收入再分配的效果普遍较为明显，在长期实践中，积累了不少运用个人直接税和社会保障调节收入差距的有益经验，值得我国学习借鉴。然而，由于我国收入差距的成因、性质及再分配外部环境与国外有较大差异，一些在其他国家行之有效的再分配调节经验未必一定适合中国的国情。例如，我国富裕人群拥有较高比重的隐性收入与财产，在此情况下，简单移植发达国家累进税制的做法，并不一定能起到有效的调高作用。再如，作为欧洲发达国家反贫困主流模式的"福利反贫困"，需要以较高人均收入、劳动力充分流动等为条件，并不适宜成为我国现阶段减贫扶贫的主要方式。在参考借鉴国际经验的过程中，应结合收入不平等成因、经济社会环境、政府管理能力、财政支撑条件、历史文化传统等因素，立足实际分析相关做法在中国的适用性与可行性，并根据我国的具体情况加以改造运用与扬弃。

八、推动初次分配与再分配改革的有机结合

居民收入差距产生的源头在初次分配环节，如果初次分配阶段的收入分配秩序紊乱、收入差距过大，那么收入再分配的难度和压力就会相应加大。与发达国家有所不同的是，我国初次收入分配差距的成因更为复杂，性质也更特殊。发达国家初次分配收入不平等，主要是不同经济主体占有生产要素数量、质量差异以及经济决策差异所造成的，多属于合理的收入差距。但在我国，除了上述因素外，初次分配环节的制度不合理也是导致初次分配收入差距较大的重要原因，如要素市场不完善、产权制度不健全、部分行业行政性垄断、寻租腐败、教育不公平等。在此情况下，我国初次收入分配所面临的主要矛盾，不仅仅是收入分配结果上的不平等，还包括了因制度不合理造成的收入分配起点与过程的不公。正因为如此，我国初次分配收入差距，有相当一部分从性质上看属于不合理甚至是不合法的收入差距。然而，收入再分配所调节的收入差距，主要针对合理的收入差距；至于不合理乃至不合法的收入差距，有些可以调节但不能治本（如垄断行业过高收入），有些则难以或无法调节（如腐败收入、违法经营收入）。如果初次分配关系理不顺，试图通过加大收入再分配力度调节收入差距，其作用效果会受到很大限制，难以较好实现降低收入不平等的目标。所以，对于我国而言，要促进收入公平分配、缩小收入差距，应更加重视完善初次分配体制，实现初次分配改革与再分配改革的协调并进。对于不合理及不合法收入，主要通过理顺初次分配机制来解决。至于再分配政策，主要用于调节合理但超过一定限度的收入差距。

<<< 第七章 我国进一步完善收入再分配政策、缩小居民收入差距的对策建议

第三节 实现路径和具体措施

一、逐步建立综合与分类相结合的个人所得税制

进入21世纪，我国个人所得税方面最主要的改革措施是三次提高了工资薪金所得的免征额。尽管该举措有效减轻了中低收入群体的个税负担，在"提低"和"扩中"上发挥了一定作用，但只能算作对现行个人所得税制的"小修小补"。继续提高免征额，更多受益的将是高收入群体，无助于改善收入分配。要更好地发挥个人所得税缩小收入差距的功能，特别是增强对高收入的调节作用，应以建立综合与分类相结合的课税模式为方向，进一步推动个人所得税制的深度改革。为了降低改革难度，在实践中宜采取渐进改革方式，分步推进实施。

借鉴国际经验，综合考虑公平、效率与征管因素，可先将工资薪金所得、劳务报酬所得、稿酬所得、特许权使用费这四项劳动所得纳入综合征收范围，然后扩大到个体工商户生产经营所得、对企事业单位的承包经营和承租经营所得这两项混合所得，最后再根据实际情况有选择地对部分资本所得项目实行综合计征。对综合计征所得理应采用超额累进税率。由于改革初期主要对劳动所得进行综合征收，而工资薪金所得又是劳动所得的主体，所以税率结构可以参照现行工资薪金所得税率表实行。今后，为了尽可能地简化税制，可以适当减少税率档次，以设置5—6档为宜；同时降低最高边际税率水平，以防过度损害经济效率。对实行综合计征的所得，要给予必要的生计扣除。在引入综合征收的初期，为了降低税收征纳成本，建议实行统一的标准扣除，适用综合课征的全体

纳税人均享受标准扣除。按照目前生活水平，标准扣除额设置在 45000—50000 元/年为宜。随着综合征收范围的扩大和税收征管条件的成熟，应相应提高标准扣除水平。此外，在标准扣除外再另行给予专项扣除，如房贷利息扣除、抚养扣除、残疾扣除等。

继续实行分类征收的项目要区分两种类型：一种是暂时分类征收但不久将纳入综合征收范围的项目，另一种是长期实施分类征收的项目。为了避免税制变动过于频繁，建议仅对长期实施分类征收的项目进行调整。从个税改革趋势着眼，我国对资本所得项目、偶然所得与其他所得可能在较长时期保持分类征收模式。为了促进分类征收项目税负合理化，有必要适当调整以上所得项目当前的征收范围和税率，建议完善财产转让所得征税办法。对上市公司股票、证券投资基金转让所得恢复课税，但比其他财产转让所得适用相对较低的优惠税率（如 10%）。恢复课税有助于调节高收入者的财产性收入，而低税率能减轻税收对资本市场效率的负面影响。另外，还建议调整偶然所得征税办法。取消部分偶然所得的暂免税规定，同时将偶然所得适用税率（20%）提高 5—10 个百分点。

二、稳步推进个人房地产税改革

党的十八届三中全会提出"加快房地产税立法，并适时推进改革"。房地产税本质上是对房屋和土地在保有环节课征的税收，与房产税有所不同的是，其征税对象除了房屋外还包括了土地。尽管房地产税法的具体内容尚未正式出台，但可以预期的是，今后征收的房地产税将在整合目前房产税、城镇土地使用税等相关税种的基础上形成。因此，对个人住房在保有环节的课税也将纳入房地产税这一新的改革框架中加以推进。在我国现行土地所有制下，房产所有权和土地所有权往往是分离的，前者属于购买房产的单位或个人,但后者则属于国家或集体。当房、地合并起来征收房地产税后,个人将以房屋所有权拥有者与(一定时期内)土地使用权拥有者的身份进行纳税。从更好地发挥房地产税调节个人收入差距的角度加以考虑,对房地产税(主要是个人房地产税)税制要素设计提出如下政策建议。

第一,在征税范围方面坚持"宽税基"原则。就个人住房而言,不论其所处地理位置,也不论是存量还是增量,均须纳入课税范围。这既有利于实现对房地产的普遍征税,也有利于增加房地产税收入。当然,出于公平考虑要将部分个人住房排除在外的,可通过减免税方式另行规定,这样就能做到普遍征税与税负公平的统一。另外,在实践操作中,为了降低改革难度,控制征管成本,拓宽征税范围,可采取分步走策略,即先增量后存量,先城镇后农村。

第二,尽可能采用市场评估价作为计税依据。参照国外经验,确定房地产评估价的方法有多种,如市场比较法、成本核算法、收入分析法等,在具体实施过程中,需结合征管条件加以灵活选用。当然,对征管水平相对落后的地区,在改革初期可先实行按市场交易价征税或暂时保留按原值计征。

第三,针对不同房地产类型实行差别比例税率。城镇地区的税率可总体上高于农村地区,发达地区的税率可略高于欠发达地区,别墅等高档住宅的税率应高于普通住宅。此外,为了避免个人纳税人负担短期内明显加重,增强社会公众对税制改革的接受度,个人房地产税在征收初期的税率可制订得低些,今后再择机提高。

第四,增强税收优惠政策的公平性。房地产税优惠政策的制订,应坚持社会公平原则,根据房地产类型和纳税人经济状况区别对待。对于个人住房而言,可采取"首套普通免税+免税面积扣除"的办法。对只有一套普通住房的家庭，免征房地产税。而对只有一套高档住房（别墅、复式房等），或有两套及以上住房的家庭，在扣除一定的免税面积后征收房地产税。一个家庭能享受的免税面积总额为人均免税面积乘以家庭人口。结合实际居住情况，城乡人均住房免税面积要有所区别，农村应适当高于城镇，农村可设置在60平方米/人左右，城镇可设置在40平方米/人左右。扣除免税面积有一个操作上的问题，那就是在拥有多套住房的情况下，免除面积先从哪一套中进行扣减。由于区位因素，不同住房单位面积的评估价可能有较大差异，因此免税面积扣减顺序直接关系到纳税人税负轻重。出于征管简便与税负公平考虑，可将免税面积按照购房时间顺序，先从第一套住房面积中扣减，如有剩余部分，再从第二套中扣减，以此类推①。这种针对个人住房的"首套普通免税＋免税面积扣除"优惠模式，基本上可以做到低收入者不必缴纳房地产税、中等收入者不缴或缴纳较少房地产税，从而使个人房地产税税负集中于高收入者身上。

三、加强个人直接税征管体系建设

个人直接税征管体系建设需要征税机关与纳税人双方的共同努力，征税机关的重点任务是提高对直接税税源的监控能力以及对纳税人的服务水平，而纳税人的主要任务是培育和加强自觉纳税意识。在个人直接税所包含的众多税种中，个人所得税和个人房地产税居于格外重要的地位。因此，个人直接税征管体系建设应当紧紧围绕这两大税种展开，具

---

① 例如，一个城镇三口之家有3套房产，按购房顺序，第一套面积60平方米，第二套140平方米，第三套180平方米。该家庭所享受的150平方米的免税面积（人均免税面积50平方米），先从第一套中扣减，剩余部分再从第二套中扣减。这样，该家庭需要为第二套房产中50平方米的面积以及第三套房产的全部面积缴纳房地产税。

体对策措施如下。

建立全国统一的自然人纳税人税务登记编码制度。纳税人税务登记的范围有必要从法人纳税人扩大到自然人纳税人，并为每一位自然人纳税人进行税务编码，以此作为纳税身份的识别。从便利角度考虑，可用身份证号码作为纳税编码并保持终身不变，与个人相关的收入、财产等涉税信息均登记在此编码下。现阶段，在全面推行自然人纳税人税务登记条件尚不成熟的情况下，可先在年所得12万元以上的群体中实行，以后再扩展至所有达到法定年龄的成年公民。

完善第三方信息报告制度，促进涉税信息共享。与收入和财产相关的信息，征税机关往往掌握的并不充分，因此需要建立税务与银行、公安、工商、住房、国土、审计等相关部门的信息资源共享机制。在技术层面上，要以互联网为依托，加快推进协税保税网络建设。而在制度层面上，要以法律形式明确征纳双方之外直接掌握涉税信息的第三方有向税务机关提供税源信息的义务，并尽可能详细地规定报告的主体、范围、内容和方式等。

结合实际情况选择合理的税款征收方式。尽管自行申报纳税是比较理想的个人直接税税款征缴方式，但它以优良的纳税意识为条件，而纳税意识由弱到强是逐步培养形成的，具有长期性。因此，个人直接税选择什么样的征收方式比较合适，必须考虑这一实际情况。我们建议，在个人所得税实行综合与分类相结合的税制模式后，对于纳入综合征收的所得项目，先实行以源泉扣缴为主同时与自行申报相结合的方式，今后随着纳税意识的不断增强，再转向全面自行申报。具体操作办法为：纳税人取得应税所得，有扣缴义务人的，仍实行代扣代缴；到年末时，年收入在12万元以上的纳税人，无论取得的各项所得是否已足额缴纳个人所得税，均应向税务机关办理纳税申报；税务机关确定纳入综合征收范围所得的应纳税额，并将已代扣代缴的部分视为预缴税款，汇算清缴后多退少补。

推进个人财产申报登记与估价制度建设。为了配合个人经常财产税的培育和发展，在财产税征管方面需要建立健全个人财产申报登记制度，进一步做实财产实名登记制并扩大其覆盖的财产范围，同时实现各地区财产登记信息的联网。此外，还需要完善财产评估制度，建立专业化的、具有独立性和公信力的财产评估机构，从而能够公平、合理地确定个人财产的计税基础。

塑造引导个人纳税人自觉诚信纳税的制度环境。拓宽税收宣传的渠道，充分利用各类媒体资源开展税法宣传活动，在宣传对象上要更加重视广大社会公众尤其是高收入者，使个人纳税人及时了解税收政策动态、熟悉办税程序，提高他们的纳税意识。建立个人纳税信用档案，将个人纳税状况作为社会信用体系中的一大重要指标，加大对税收违法犯罪行为的打击和处罚力度，使纳税人不敢偷逃税。

四、增进养老保障制度的公平性

健全养老保障财政投入机制。要逐步提高养老保障筹资中财政补贴所占的比重，形成合理的养老保障财政投入机制，同时划转部分国有资本充实养老保障基金；养老保障财政资金应重点向欠发达地区、农村地区与贫困人群倾斜。可探索试行以一般预算支持的基础普惠型养老福利金，由中央确定全国统一的支付办法和给付标准，使符合年龄条件的全体老年人均能享受同等待遇。在实行初期，给付标准应结合财政承受能力，保持在相对较低的水平，之后可随着经济发展与人均收入增长逐渐提高。

继续提高社会养老保险的统筹层次。尽管我国总体上已实现了城镇职工基本养老保险的省级统筹，但大部分省份仅是提取省级调剂金，并非完全意义上的省级统筹。为了切实提高统筹层次，可先在省级层面实行养老保险基金的统收统支，使省级统筹落到实处。在此基础上，进一步实现基础养老金在全国范围内的统筹，从而增强社会养老保险的互助互济功能。

调整社会养老保险的缴费机制。着力减轻低收入参保人员的缴费负担，可行办法包括取消缴费基数下限规定、对工资收入低于一定标准的参保者的个人缴费给予财政补贴等。优化城镇职工基本养老保险社会统筹账户与个人账户的比例结构、适当提高前者的比重以突出互助共济性。

优化社会养老保障的给付机制。要通过优化养老金给付公式中的参数设计，增强养老金调节老年人收入差距的作用。通常而言，老年人群的初次分配收入不平等程度要大于中青年人群。尽管从当前来看，劳动年龄人口内部的收入差距是总体收入差距的主要影响因素，但随着退休年龄人口增多，退休人口养老金代内收入差距将变得越来越重要（侯慧丽、程杰，2015）。所以，今后要特别重视养老金给付机制设计的公平性。在这方面可采取的改进举措有：提高城乡居民基本养老保险中基础养老金的发放标准；健全养老金指数化调整机制，避免养老金受到通货膨胀的侵蚀；借鉴国外做法经验，在城镇基本养老保险中引入适度的最低养老金待遇保障机制；将超过一定水平的公共养老金纳入个人所得税征税范围等。

五、增强医疗保障制度的收入分配调节功能

继续完善低收入群体参加基本医保的补贴政策。在城乡居民医保方面，对于低保家庭成员、三无人员可免除个人缴费，缴费由财政全额支付；对于不属于低保对象的贫困边缘人群，可适当提高补贴额度。在城镇职工医保方面，也有必要建立对缴费的财政补贴机制，对工资收入低于一定标准的参保人员实行保费补助。这一方面有助于减轻低收入群体参加基本医保的缴费负担，另一方面也有利于提高医疗保障的覆盖面。

建立向低收入群体倾斜的医疗保障补偿机制。对于家庭人均收入低于一定水平的低收入群体，在医疗保险的起付线、报销比例等参数设置上可采取差异化的政策。比照一般标准，起付线可适当降低，而报销比例则应加以调高，进一步减轻低收入患者的自费医疗负担。还可考虑为低收入人群专门设置医疗自付费用封顶线，对于超过自付费用封顶线但不超过最高报销限额的部分，全部由医保基金支付，这样就能较好地避免低收入患者因高额医疗费而使贫困加剧。

合理扩大医保报销范围。目前，我国基本医疗保险的名义报销比例已经达到较高水平，但因纳入报销范围的药品和诊疗项目相对有限，导致实际报销比例和名义报销比例仍有较大差距。随着经济发展与医疗水平的提高，需要进一步健全医保目录的动态调整机制。在考虑医保基金承受能力的基础上，应逐步在医保目录中增加临床需求量较大、价格适中的新药品及诊疗项目；同时严格控制高端药、特殊治疗与保健性诊疗项目的进入，使医保目录更有利于提高中低收入患者的实际补偿率。

提高医疗保障制度的管理水平。推动整合医保经办机构、促进异地就医结算和报销便利化、提高医保服务信息化程度，使患者享受医疗保障的交易成本尽可能降低；减少重复参保、重复补贴和重复报销等问题，将医保公平落到实处；试点建立针对低收入者等弱势群体的医保状况监测与管理系统，切实保障该群体的基本医疗保障权益。

六、更好地发挥最低生活保障等社会救助制度的兜底保障作用

进一步扩大城镇最低生活保障的覆盖范围。在不少地区，城镇最低

<<< 第七章 我国进一步完善收入再分配政策、缩小居民收入差距的对策建议

生活保障仅针对具有本地户籍的城镇居民，农民工以及其他常住外来人口无法在当地获得低保。为此，各地需打破低保政策上的户籍限制，以工作地或居住点而非户籍地作为救助对象的资格条件，将长期工作、生活在本地的非户籍常住外来人口也纳入当地城镇低保体系中。当然，在纳入常住地低保的覆盖范围后，需相应取消其户籍所在地的低保享受权，以避免重复领取。

适当提高最低生活保障标准并健全其调整机制。目前，我国绝大多数地方的低保标准只能维持贫困家庭的"生存"，距离"基本生活"的满足还有一定差距（段美枝，2013），为了使贫困人口获得充分的基本生活保障，应适当提高低保金水平。对于患有长期性重大疾病、重度残疾、超高龄老人等有特殊困难和额外支出需求的受助对象，可考虑在一般标准基础上再酌情提高补助额。随着经济增长与居民收入水平提高，各地还要结合物价水平等因素，及时合理地提高低保标准，实现低保标准与居民基本生活费用价格指数的联动，使低保标准增幅同步或略微高于当地人均收入增幅，促进居民收入差距逐步缩小。

避免低保"兜底不足"与"保障过度"两种现象，针对部分地区因地方财力拮据而导致低保水平偏低、兜底保障能力不足的问题，中央与省级政府应加大统筹协调力度，增加对财政困难地区的专项转移支付，缓解市县政府低保资金短缺的压力。目前，我国还有不少县级农村的低保标准低于国家扶贫标准，对于这些地区，要通过制订提标计划、加强省级统筹等途径，逐步缩小低保标准与国家扶贫标准间的差距，使最低生活保障真正发挥好兜底扶贫的作用。另外，对于部分经济发展水平高、地方财力雄厚的大城市，则要防止低保标准定得过高，导致过度保障的现象。低保标准应当同最低工资标准拉开一定的差距，以避免造成负激励。

完善低保等各项社会救助政策的瞄准机制。要健全低保对象经济状况核对机制，有针对性地使用好信息核查、入户调查、信函索证、邻里走访等多种审查方式。加快低保管理信息系统的建设与推广运用，促进相关职能部门间的信息共享，提高核对的可靠性、精准度和效率。考虑到除收入与资产外，缺乏人力资本、社会资本也是引致贫困的重要原因，有必要引入生计资产量化分析方法，通过性别、年龄、教育水平、健康状况、社会关系等指标测算贫困人口的生计资产数值，为更精准地确定低保救助对象提供科学依据。此外，还需进一步规范各项社会救助的申请与审查程序并加强管理、严格执行，做到程序公平、公正、公开，尽可能弱化审查中主观因素、人情因素的影响；要探索建立社会救助对象的主动发现机制，力求将符合条件但未自己申请救助的人员也能及时获得救助，减少应保未保现象。

通过制度创新使低保政策发挥劳动激励效应。应根据贫困人口有无劳动能力，对不同的低保对象分类施策，具体而言：对于丧失或基本失去劳动能力者，以全额保障为主；对于有劳动能力者，要求其在享受低保期间积极参加再就业培训和寻找工作，否则扣发救助金，在给付方式上实行差额补助，为了避免劳动收入上升后低保金等额减少对就业的负激励，需建立健全收入豁免制度——低于豁免标准的劳动收入不用于扣减低保金，高于豁免标准的劳动收入则按递增比例扣减低保金。

积极动员各类非政府组织与社会成员参与社会救助，政府可通过税收、金融、土地等领域的政策优惠鼓励企业与个人的慈善捐赠，如在所得税政策上，对于企业捐赠可允许超限额部分跨年度结转扣除、对于个人捐赠可扩大允许扣除的捐赠范围。同时，着力加强捐赠、受赠和慈善机构运作的透明度，提高捐赠者与受助者之间的信任度。

参考文献

一、英文文献

[1] Alberto Alesina & George - Marios Angeletos. Fairness and Redistribution: U. S. versus Europe. *American Economic Review*, 2005, 95 (4): 960 - 980.

[2] Bruce D. Meyer. Unemployment Insurance and Unemployment Spells. *Econometrica*, 1990, 58 (4): 757 - 782.

[3] C Wang, K Caminada, K Goudswaard. Income Redistribution in 20 Countries over Time. *International Journal of Social Welfare*, 2014, 23 (3): 262 - 275.

[4] E Gõni, JH López, L Servén. Fiscal Redistribution and Income Inequality in Latin America. *Social Science Electronic Publishing*, 2008, 39 (9): 1558 - 1569.

[5] E Guillaud. Preferences for Redistribution: an Empirical Analysis over 33 Countries. *Journal of Economic Inequality*, 2013, 11 (1): 57 - 78.

[6] H Immervoll, C O'Donoghue, H Sutherland. An Introduction To Euromod, An Introduction To Euromod, *Jama the Journal of the American Medical Association*, 1999, 225 (8): 993 - 994.

[7] H Immervoll, L Richardson. Redistribution Policy and Inequality Reduction in OECD Countries: What Has Changed in Two Decades? *Social Science Electronic Publishing*, 2011.

[8] H Sutherland, F Figari. EUROMOD: the European Union Tax - benefit Microsimulation Model. *Francesco Figari*, 2013, 1 (6): 4 - 26.

[9] Herwig Immervoll, Horacio Levy, Christine Lietz, Daniela Mantovani, Cathal O'

Donoghue, Holly Sutherland, *Gerlinde Verbist. Household Incomes and Redistribution in the European Union: Quantifying the Equalizing Properties of Taxes and Benefits.* Palgrave Macmillan Press, 2006.

[10] I Adelman, *Redistribution before Growth: A Strategy for Developing Countries.* Springer US Press, 1979.

[11] International Labour Office. World Social Protection Report 2014/15: Building Economic Recovery, *Inclusive Development and Social Justice*, 2014.

[12] Javier Díaz Giménez, Josep Pijoan – Mas. Flat Tax Reforms in the US: A Boon for the Income Poor. *CEPR Discussion Paper*, No. 5812, 2006.

[13] Lloyd – Sherlock P. Doing a Bit more for the Poor? Social Assistance in Latin America. *Journal of Social Policy*, 2008, 37 (4): 621 – 639.

[14] N Gemmell. The Incidence of Government Expenditure and Redistribution in the United Kingdom. *Economica*, 1985, 52 (207): 335 – 344.

[15] N Lustig. Inequality and Fiscal Redistribution in Middle Income Countries: Brazil, Chile, Colombia, Indonesia, Mexico, Peru and South Africa. *Journal of Globalization & Development*, 2016, 7 (1): 17 – 60.

NC Kakwani. Measurement of Tax Progressivity: An International Comparison. *Economic Journal*, 1977, 87 (345): 71 – 80.

[16] P Glewwe, AL Kassouf. The Impact of the Bolsa Escola/Familia Conditional Cash Transfer Program on Enrollment, Dropout Rates and Grade Promotion in Brazil. *Journal of Development Economics*, 2008, 97 (2): 505 – 517.

[17] PJ Lambert, *The Distribution and Redistribution of Income.* Manchester University Press, 2001.

[18] Ronald G. Ehrenberg and Ronald L. Oaxaca, Unemployment Insurance, Duration of Unemployment, and Subsequent Wage Gain. *American Economic Review*, 1976, 66 (5): 754 – 766.

[19] S Bowles, C Fong, H Gintis, A Jayadev, U Pagano, *The New Economics of Inequality and Redistribution.* Cambridge University Press, 2012.

[20] Walter Korpi and Joakim Palme. The Paradox of Redistribution and Strategies of Equali-

ty: Welfare State Institutions, Inequality, and Poverty in the Western Countries. *American Sociological Review*, 1998, 63 (5): 661-687.

二、中文文献

[1]〔法〕托马斯·皮凯蒂:《21世纪资本论》,巴曙松、陈剑、余江、周大昕、李清彬、汤铎铎译,中信出版社2014年版。

[2]〔美〕郝令昕、丹尼尔·Q.奈曼:《评估不平等》,巫锡炜译,格致出版社2012年版。

[3]〔美〕亨瑞·J.艾伦、威廉姆·G.盖尔:《美国税制改革的间接影响》,郭庆旺、刘茜译,中国人民大学出版社2001年版。

[4]〔美〕图洛克:《收入再分配的经济学(第2版)》,范飞、刘琨译,上海人民出版社2008年版。

[5]〔乌克兰〕威尼·瑟斯克:《发展中国家的税制改革》,张文春、匡小平译,中国人民大学出版社2001年版。

[6]〔西〕何塞·路易斯·埃斯克里瓦、爱德华多·富恩特斯、艾丽西亚·加西亚-埃雷罗主编:《拉美养老金改革:面临的平衡与挑战》,郑秉文译,中国劳动社会保障出版社2012年版。

[7]〔英〕阿特金森、〔法〕布吉尼翁主编:《收入分配经济学手册》第1卷,蔡继明等译,经济科学出版社2009年版。

[8] 白澎、叶正欣、王硕:《法国社会保障制度》,上海人民出版社2012年版。

[9] 曹春:《社会保障筹资改革国际比较及对我国的启示》,载《经济研究参考》2013年第38期。

[10] 曹桂全:《政府再分配调节的国际经验及其对我国的启示》,载《华东经济管理》2013年第7期。

[11] 程杰:《养老保障的劳动供给效应》,载《经济研究》2014年第10期。

[12] 段美枝:《中国城镇居民最低生活保障制度运行效果研究》,经济科学出版社2013年版。

[13] 冯英、杨慧源:《外国的失业保障》,中国社会出版社2008年版。

[14] 付伯颖:《外国税制》,北京大学出版社2010年版。

[15] 高凤勤：《促进我国居民收入公平分配的税收政策研究》，山东人民出版社2014年版。

[16] 高霖宇：《社会保障对收入分配的调节效应研究》，经济科学出版社2009年版。

[17] 耿林、叶敏：《收入再分配政策能否兼顾效率与公平的经济学分析》，载《浙江社会科学》2012年第3期。

[18] 龚锋、余锦亮：《人口老龄化、税收负担与财政可持续性》，载《经济研究》2015年第8期。

[19] 国家发展和改革委员会就业和收入分配司、北京师范大学中国收入分配研究院：《中国居民收入分配年度报告2015》，中国财政经济出版社2015年版。

[20] 国家发展和改革委员会就业和收入分配司、北京师范大学中国收入分配研究院：《中国居民收入分配年度报告2016》，中国财政经济出版社2016年版。

[21] 郝秀琴：《政府再分配的社会福利效应》，载《河南师范大学学报》（哲学社会科学版）2014年第4期。

[22] 何立新、佐藤宏：《不同视角下的中国城镇社会保障制度与收入再分配——基于年度收入和终生收入的经验分析》，载《世界经济文汇》2008年第5期。

[23] 侯慧丽、程杰：《老龄化社会中养老金代际代内差距与养老金再分配》，载《人口与发展》2015年第1期。

[24] 胡思洋：《新常态下低保制度的功能定位研究》，载《人口与发展》2015年第6期。

[25] 胡莹：《从收入分配看"美国式"的公平效率观——以里根时期美国的收入分配政策为例》，载《马克思主义研究》2013年第6期。

[26] 拉丁美洲开发银行：《面向发展的公共财政：加强收入与支出之间的联系》，知识产权出版社2013年版。

[27] 李兵：《我国城乡居民养老保险制度研究》，华侨大学硕士学位论文2015年版。

[28] 李波：《我国个人所得税改革与国际比较》，中国财政经济出版社2011年版。

[29] 李策、周令、任苒、孙向军、李同博：《某市城镇职工、城镇居民、新农合基金与管理模式差异分析》，载《中国卫生经济》2011年第10期。

[30] 李超民：《美国社会保障制度》，上海人民出版社2009年版。

[31] 李超民：《印度社会保障制度》，上海人民出版社2016年版。

[32] 李连友、宋泽、陈其：《工资增长和个体异质性对养老保险再分配效应的影响——兼论"断保者"受损了吗？》，载《数量经济技术经济研究》2015年第3期。

[33] 李玲：《发达国家调节收入差距公共政策经验与启示》，载《理论与改革》2014年第12期。

[34] 李清彬：《中国收入再分配问题研究：倾向决定、政策形成和效应测算》，中国发展出版社2014年版。

[35] 李爽：《财产性收入差距过大的主要问题》，载《理论参考》2008年第1期。

[36] 吕雪静：《社会保障国际比较（第3版）》，首都经济贸易大学出版社2016年版。

[37] 穆怀中：《发展中国家社会保障制度的建立和完善》，人民出版社2008年版。

[38] 聂爱霞、朱火云：《国际视角下我国非缴费型养老金制度的构建》，载《国家行政学院学报》2015年第5期。

[39] 秦雪征、刘国恩：《医疗保险对劳动力市场影响研究述评》，载《经济学动态》2011年第12期。

[40] 邵锋：《拉丁美洲国家财产税改革及启示——以智利、牙买加为例》，载《涉外税务》2006年第11期。

[41] 孙洁、孙守纪：《非缴费型养老金计划及其减贫效果比较研究——美国和加拿大的比较分析》，载《学习与实践》2013年第8期。

[42] 汪华、汪润泉：《养老保险制度的性别间再分配效应研究——基于上海市政策与数据的测算》，载《妇女研究论丛》2014年第5期。

[43] 王诚尧：《西方资本所得减税理论评析》，载《国际税收》2014年第1期。

[44] 王虎峰：《中国社会医疗保险统筹层次提升的模式选择——基于国际经验借鉴的视角》，载《经济社会体制比较》2009年第6期。

[45] 王榕平、王启民：《世界社会保障制度的历史渊源和发展概况》，载《福建师范大学学报（哲学社会科学版）》1996年第4期。

[46] 王伟：《日本社会保障制度》，世界知识出版社2014年版。

[47] 王晓军、康博威：《我国社会养老保险制度的收入再分配效应》，载《统计研究》2009年第11期。

[48] 王晓玲：《中美税制比较》，立信会计出版社2015年版。

[49] 王延中、龙玉其：《社会保障调节收入分配的机理与作用》，载《中国社会保障发展报告（2012）NO.5——社会保障与收入再分配》，社会科学文献出版社2012年版。

[50] 文雯：《收入再分配效应的测度及其影响因素分析》，载《山西财经大学学报》2012年第7期。

[51] 向德平、黄承伟：《减贫与发展》，社会科学文献出版社2016年版。

[52] 许志涛：《不同所有制企业职工基本养老保险收入再分配效应》，载《财经论丛》2014年第4期。

[53] 杨灿明、孙群力：《中国的隐性经济规模与收入不平等》，载《管理世界》2010年第7期。

[54] 杨翠迎、郭光芝：《澳大利亚社会保障制度》，上海人民出版社2012年版。

[55] 姚玲珍：《德国社会保障制度》，上海人民出版社2011年版。

[56] 于洪、岳鉴、郑春荣：《国际社会保障动态：社会保障的政府责任》，上海人民出版社2016年版。

[57] 于乐军、陈春莲：《分清初次分配和再分配过程中公平与效率不同内涵的价值意蕴》，载《北京行政学院学报》2009年第6期。

[58] 张东生主编：《中国居民收入分配年度报告2006》，中国财政经济出版社2006年版。

[59] 张东生主编：《中国居民收入分配年度报告2007》，中国财政经济出版社2008年版。

[60] 张东生主编：《中国居民收入分配年度报告2008》，中国财政经济出版社2008年版。

[61] 张东生主编：《中国居民收入分配年度报告2009》，中国财政经济出版社2009年版。

[62] 张东生主编：《中国居民收入分配年度报告2010》，中国财政经济出版社2010年版。

[63] 张东生主编：《中国居民收入分配年度报告2011》，中国财政经济出版社2012年版。

[64] 张东生主编：《中国居民收入分配年度报告2012》，中国财政经济出版社2013年版。

[65] 张东生主编：《中国居民收入分配年度报告2013》，中国财政经济出版社2013年版。

[66] 张小娟、朱坤：《墨西哥全民健康覆盖发展历程及对我国的启示》，载《中国卫生政策研究》2014年第2期。

[67] 郑春荣：《英国社会保障制度》，上海人民出版社2012年版。

[68] 中国国际税收研究会：《世界税收发展研究报告2008》，中国税务出版社2009年版。

[69] 中国国际税收研究会：《世界税收发展研究报告2009》，中国税务出版社2010年版。

[70] 中国国际税收研究会：《世界税收发展研究报告2010》，中国税务出版社2011年版。

[71] 中国国际税收研究会：《世界税收发展研究报告2011》，中国税务出版社2012年版。

[72] 中国国际税收研究会：《世界税收发展研究报告2012—2013》，中国税务出版社2013年版。

[73] 中国国际税收研究会：《世界税收发展研究报告2013—2014》，中国税务出版社2014年版。

[74] 中国国际税收研究会：《世界税收发展研究报告2015》，中国税务出版社2015年版。

[75] 中国国际税收研究会：《世界税收发展研究报告2016》，中国税务出版社2016年版。

[76] 周弘、彭姝祎：《国际金融危机后世界社会保障发展趋势》，载《中国人民大学学报》2015年第3期。

[77] 朱梅、姚露：《机关事业单位养老保险制度改革的收入再分配效应》，载《社会保障研究》2016年第5期。

后　记

　　收入分配是经济学中最为古老的命题之一，长期以来受到学界的高度关注。从全球范围来看，居民之间的收入分配差距总体上呈现趋于扩大的态势。法国经济学家托马斯·皮凯蒂在其《21世纪资本论》一书中以令人信服的数据证明，全球收入不平等的趋势日益严重，资本回报大大超过普通人的劳动回报，发达国家财富分配出现了较明显的两极分化。中国自改革开放以来的40年中，居民收入差距在大多数年份也是扩大的。尽管2008年后我国基尼系数略有下降（2016年、2017年又小幅回升），但依然高于0.4的国际警戒线；考虑到高收入群体收入极有可能被低估的事实，我国的收入不平等状况不容乐观。

　　党中央历来重视收入分配问题，将改革与完善收入分配制度作为改善民生的一项核心内容。党的十八大以来，收入分配改革加快推进，在做大经济蛋糕的同时越来越重视共享发展与社会公平。习近平总书记曾指出"我国分配不公问题比较突出，收入差距较大……为此，我们必须坚持发展为了人民、发展依靠人民、发展成果由人民共享，作出更有效的制度安排，使全体人民朝着共同富裕方向稳步前进，绝不能出现'富者累巨万，而贫者食糟糠'的现象"。那么，什么样的制度安排有助于降低收入不平等、避免贫富两极分化呢？

收入分配包括初次分配与再分配两个环节。在市场经济条件下，初次分配环节是按要素分配，由于不同社会群体拥有的要素在数量和质量上有较大差异，初次分配收入不平等程度往往较高。

综观世界主要国家，初次分配收入基尼系数大多高于0.4。然而，经过以政府为主导的收入再分配后，各国居民收入差距均有不同程度的缩小。特别是在高收入国家，通过再分配政策调节后的可支配收入基尼系数基本上都控制在0.4以下。可见，以税收、社会保障、转移支付为主要手段的再分配调节机制，对缩小收入差距、促进社会公平具有重要作用。但是，当前我国收入再分配政策对缩小初次分配收入差距的作用微弱，调节居民收入不平等的力度明显偏小，在某些方面甚至还出现了"逆向调节"现象，这是我国居民收入差距较大的主要原因之一。为此，国家"十三五"规划提出"加大再分配调节力度，健全再分配调节机制，实行有利于缩小收入差距的政策"；党的十九大报告进一步强调要"履行好政府再分配调节职能……缩小收入分配差距"。他山之石，可以攻玉，考察国外收入再分配政策实践、合理借鉴国外收入再分配的做法经验，对深化我国收入再分配改革有积极意义。本书的写作，就是在这样的背景下展开的。

2016年6月，作者有幸获得中国经济改革研究基金会的资助，正式开始了"收入再分配政策的国际比较研究"课题的研究工作。做国际比较研究，最大的困难就是各国资料和数据的搜集、整理和加工，特别是当不同来源的数据统计口径不一、不同渠道的国外再分配政策情况介绍不一时，更是需要耗费大量精力来解决处理，在这方面所付出的辛苦只有亲身经历之后才能真正有所体会。另外，要从近几十年来国外收入再分配政策的丰富实践中归纳提炼出相应的经验和教训，对我而言也是一个不小的挑战。

呈现在读者面前的这本专著，正是经过漫长、艰辛探索后的课题最终结项成果。在本书完成之际，要感谢我所在单位中共上海市委党校对本课题研究的大力支持，感谢上海发展研究院鞠立新教授以及其他同事给予的关心和帮助，同时也要感谢家人对我从事科研工作的理解与长期支持。尽管作者以一丝不苟的态度认真做好课题研究，并努力追求高质量的成果，但囿于个人理论学识和所掌握研究方法上的局限，再加上部分数据资料难获得等客观因素的制约，本书依然存在一些不完善之处，请读者不吝批评指正。

解决好收入差距问题，使发展成果更多更公平地惠及全体人民，是坚持共享发展理念、坚持以人民为中心的基本要求，对实现两个一百年奋斗目标意义重大。作者希望通过本书的写作，能为我国深化收入再分配改革提供一些有益的决策参考。在本书基础上，作者今后还将继续深入研究收入分配相关问题，力求为促进公平分配、实现共享发展贡献更多更好的智力成果，是为后记。

潘文轩
2018 年 9 月于沪